LES MEILLEURES RECETTES

Petits plats
VÉGÉTARIENS

100% TESTÉ

LAROUSSE

SOMMAIRE

Apéritifs et amuse-bouches	**4**
Salades vitaminées	**58**
Pâtes, riz et currys	**96**
Légumes sautés, rôtis et mijotés	**142**
Douceurs fruitées	**176**
Index	**214**

APÉRITIFS ET AMUSE-BOUCHES

Fromage à tartiner aux olives	6
Caviar d'aubergine	8
Houmous à la betterave	10
Tartinade de feta à la menthe	12
Légumes grillés et aïoli	14
Ficelles feuilletées aux olives	16
Tresses à la tomate séchée	18
Torsades au parmesan	20
Toasts au parmesan et au pesto	22
Toasts aux épinards et au fromage	24
Tartelettes au potiron	26
Pancakes au beurre d'avocat	28
Palmiers aux olives et aux amandes	30

Courge au pesto de noisettes	**32**
Tartelettes au confit d'oignons	**34**
Dolmas	**36**
Mini-palmiers au sésame	**38**
Mini-quiches poivron et maïs	**40**
Croquettes aux fines herbes	**42**
Samoussas de pommes de terre	**44**
Croquettes de courgette	**46**
Tartelettes chèvre et pommes	**48**
Aumônières de légumes	**50**
Mini-pizzas aux pommes de terre	**52**
Boulettes de yaourt aux herbes	**54**
Quiche à l'artichaut et aux asperges	**56**

APÉRITIFS ET AMUSE-BOUCHES

FROMAGE À TARTINER
AUX OLIVES

POUR 500 G

Préparation : 15 min

250 g de fromage frais
200 g de feta
15 olives noires grecques coupées en morceaux
20 g de basilic ciselé
4 c. à soupe d'huile d'olive
2 pincées de poivre concassé

1 Dans un saladier, mélangez les fromages, le basilic, 1 c. à soupe d'huile et 1 pincée de poivre, jusqu'à obtenir une pâte lisse.

2 Incorporez les olives, puis transvasez le mélange dans un plat. Lissez avec le dos d'une cuillère, arrosez d'huile et saupoudrez du reste de poivre.

3 Servez sur des tartines de pain de campagne grillées et badigeonnées avec l'huile restante.

APÉRITIFS ET AMUSE-BOUCHES

CAVIAR
D'AUBERGINE

POUR 6 À 8 PERSONNES

Préparation : 10 min
Égouttage : 30 min
Cuisson : 20 min

2 aubergines (environ 400 g)
2 gousses d'ail écrasées
1 c. à café de paprika doux
1 1/2 c. à café de cumin en poudre
1/2 c. à café de sucre
1 c. à soupe de jus de citron
huile d'olive pour la friture
sel et poivre

1 Coupez les aubergines en rondelles de 1 cm d'épaisseur. Saupoudrez-les de sel dans une passoire et laissez-les dégorger 30 min. Rincez les rondelles et essuyez-les.

2 Dans une grande poêle à feu moyen, faites chauffer un fond d'huile, puis faites frire les rondelles d'aubergine des deux côtés, jusqu'à ce qu'elles soient brunes, en procédant en plusieurs fois. Égouttez-les au fur et à mesure sur du papier absorbant.

3 Hachez finement les aubergines et égouttez-les dans une passoire. Mélangez-les avec l'ail, les épices et le sucre.

4 Essuyez la poêle, versez-y la préparation et faites cuire 2 min à feu moyen, en remuant sans cesse. Transvasez dans un saladier, incorporez le jus de citron et assaisonnez. Servez à température ambiante.

APÉRITIFS ET AMUSE-BOUCHES

HOUMOUS À LA BETTERAVE

POUR 8 PERSONNES

Préparation : 25 min
Trempage : 12 h
Cuisson : 1 h 15

500 g de betteraves crues
250 g de pois chiches secs
1 gros oignon haché
3 gousses d'ail écrasées
8 c. à soupe de tahin
(pâte de sésame)
4 c. à soupe de jus de citron
1 c. à soupe de cumin en poudre
4 c. à soupe d'huile d'olive
pains pita

1. La veille, mettez les pois chiches à tremper dans de l'eau froide.

2. Le jour même, égouttez les pois chiches, puis ajoutez-les dans une grande casserole avec l'oignon. Couvrez d'eau et portez à ébullition. Faites cuire 1 h, jusqu'à ce que les pois chiches soient très tendres. Égouttez en réservant 25 cl d'eau de cuisson. Laissez refroidir.

3. Dans une grande casserole d'eau bouillante, faites cuire les betteraves, jusqu'à ce qu'elles soient tendres. Égouttez-les, laissez-les légèrement refroidir, puis ôtez la peau.

4. Hachez les betteraves, puis mettez-les dans le bol d'un robot. Ajoutez l'ail, les pois chiches et l'oignon, le tahin, le jus de citron et le cumin. Mixez jusqu'à obtenir une purée lisse. Continuez de mixer en versant lentement l'eau de cuisson réservée et l'huile, jusqu'à obtenir une pâte homogène. Arrosez d'huile et servez avec des pains pita.

APÉRITIFS ET AMUSE-BOUCHES

TARTINADE DE FETA
À LA MENTHE

POUR 4 À 6 PERSONNES

Préparation : 10 min

175 g de feta
100 g de ricotta
1 grosse poignée
de menthe hachée
4 c. à soupe d'huile d'olive
poivre

1 Réunissez les fromages et l'huile dans un saladier, puis écrasez le tout à la fourchette, jusqu'à obtenir une pâte homogène, mais grossière.

2 Incorporez la menthe et poivrez. Faites légèrement griller du pain de campagne avant de le tartiner de fromage.

APÉRITIFS ET AMUSE-BOUCHES

LÉGUMES GRILLÉS
ET AÏOLI

POUR 8 PERSONNES

Préparation : 20 min
Égouttage : 30 min
Cuisson : 15 min

2 aubergines
4 petits blancs de poireau
4 petites courgettes
2 poivrons rouges
8 gros champignons
sel

POUR LA VINAIGRETTE

1 c. à soupe de vinaigre balsamique
2 c. à soupe de moutarde
2 c. à café d'origan séché
25 cl d'huile d'olive

POUR L'AÏOLI

2 jaunes d'œufs
1 c. à soupe de jus de citron
2 gousses d'ail écrasées
25 cl d'huile d'olive
1 c. à soupe de ciboulette ciselée
1 c. à soupe de persil haché

1. Coupez les légumes en morceaux dans la longueur. Saupoudrez les tranches d'aubergine de sel et laissez-les dégorger 30 min. Rincez-les, puis essuyez-les.

2. Préparez la vinaigrette. Dans un saladier, mélangez le vinaigre, la moutarde et l'origan, puis incorporez l'huile petit à petit à l'aide d'un fouet.

3. Étalez tous les légumes en une seule couche sur une plaque, puis enduisez-les de vinaigrette à l'aide d'un pinceau. Enfournez pour 5 min sous le gril à haute température. Retournez les légumes et arrosez-les régulièrement d'un peu de vinaigrette.

4. Ajoutez les champignons sur la plaque et enduisez-les également de vinaigrette. Laissez cuire 10 min, en retournant les champignons une fois et en ajoutant de la vinaigrette en cours de cuisson.

5. Préparez l'aïoli. Mixez les jaunes d'œufs, le jus de citron et l'ail 5 sec dans un robot. Continuez de mixer en versant l'huile en filet, jusqu'à obtenir une mayonnaise épaisse. Ajoutez la ciboulette et le persil. Mixez 3 sec et servez en accompagnement des légumes grillés.

APÉRITIFS ET AMUSE-BOUCHES

FICELLES FEUILLETÉES
AUX OLIVES

POUR 50 FICELLES

Préparation : 20 min
Cuisson : 10 min

2 pâtes feuilletées
2 c. à soupe de tapenade
2 c. à soupe de persil haché
quelques gouttes d'huile d'olive
1 c. à soupe de câpres

1 Dans un saladier, mélangez la tapenade avec le persil, l'huile et les câpres. Malaxez le tout, jusqu'à obtenir un mélange onctueux.

2 Déroulez les pâtes feuilletées. Tartinez-les du mélange, puis découpez des lanières de pâte de 1,5 cm de large. Torsadez-les avant de les déposer sur une plaque recouverte de papier sulfurisé. Enfournez pour 5 à 10 min à 200 °C.

APÉRITIFS ET AMUSE-BOUCHES

TRESSES À LA TOMATE
SÉCHÉE

POUR 8 TRESSES

Préparation : 10 min
Cuisson : 15 min

1 pâte feuilletée
40 g de tomates séchées émincées
1 œuf battu

1. Étalez la pâte feuilletée sur le plan de travail, badigeonnez-la légèrement d'œuf, puis découpez-la en 24 bandes de 1 cm de large.

2. Assemblez les bandes trois par trois, en joignant et en scellant une de leurs extrémités, puis tressez-les tout en glissant des tomates séchées à intervalles réguliers.

3. Déposez les tresses sur une plaque légèrement huilée, puis enfournez pour 10 à 15 min à 210 °C, jusqu'à ce qu'elles soient gonflées. Laissez-les refroidir, puis conservez-les dans une boîte hermétique.

APÉRITIFS ET AMUSE-BOUCHES

TORSADES
AU PARMESAN

POUR 16 TORSADES

Préparation : 5 min
Cuisson : 10 min

1 pâte feuilletée
25 g de parmesan râpé
1 œuf battu

1 Étalez la pâte feuilletée sur le plan de travail, badigeonnez-la légèrement d'œuf, puis découpez-la en 16 bandes de 1,5 cm de large. Tordez chacune des bandes à 2 reprises.

2 Déposez les torsades sur une plaque légèrement huilée, parsemez-les de parmesan, puis enfournez pour 10 min à 210 °C, jusqu'à ce qu'elles soient dorées et bien gonflées.

APÉRITIFS ET AMUSE-BOUCHES

TOASTS AU PARMESAN
ET AU PESTO

POUR 8 À 10 PERSONNES

Préparation : 30 min
Cuisson : 5 min

1 baguette
250 g de tomates séchées coupées en lanières
150 g de parmesan en copeaux

POUR LE PESTO
50 g de basilic
2 c. à soupe de ciboulette ciselée
50 g de pignons
2 ou 3 gousses d'ail
4 c. à soupe d'huile d'olive

1. Faites raffermir la baguette au congélateur, puis coupez-la en tranches très fines avec un couteau aiguisé. Faites-les griller des deux côtés.

2. Préparez le pesto. Mixez tous les ingrédients 20 à 30 sec dans un robot, jusqu'à obtenir un mélange homogène.

3. Étalez le pesto sur les toasts. Garnissez de tomates séchées et de copeaux de parmesan.

APÉRITIFS ET AMUSE-BOUCHES

TOASTS AUX ÉPINARDS
ET AU FROMAGE

POUR 24 TOASTS

Préparation : 30 min
Cuisson : 10 min

1 baguette
500 g d'épinards frais
90 g de fromage frais
90 g de fromage de chèvre
3 c. à soupe de poivrons rouges grillés en conserve
2 c. à soupe d'huile d'olive

1. Coupez la baguette en tranches de 1 cm d'épaisseur, badigeonnez-les d'huile, puis faites-les dorer des deux côtés sous le gril du four.

2. Placez les épinards dans un saladier, couvrez-les d'eau bouillante et laissez-les blanchir 2 min. Égouttez-les, laissez-les refroidir, puis pressez-les pour en extraire tout le jus. Égouttez-les encore sur du papier absorbant.

3. Sur le plan de travail tapissé de film alimentaire, superposez les feuilles d'épinards de manière à former un rectangle de 20 x 25 cm.

4. Dans un saladier, fouettez les fromages, jusqu'à obtenir une préparation lisse et fluide, puis étalez cette préparation uniformément sur les épinards. Répartissez les poivrons finement hachés dessus.

5. Roulez l'ensemble tout en retirant le film au fur et à mesure. Coupez le rouleau obtenu en rondelles fines, déposez-les sur les toasts et servez.

APÉRITIFS ET AMUSE-BOUCHES

TARTELETTES
AU POTIRON

POUR 6 PERSONNES

Préparation : 30 min
Repos : 30 min
Cuisson : 20 min

1,25 kg de chair de potiron
12,5 cl de crème fraîche
sauce au chili sucrée
sel et poivre

POUR LA PÂTE
250 g de farine
125 g de beurre
8 cl d'eau glacée

1. Préparez la pâte. Du bout des doigts, travaillez la farine tamisée et le beurre dans un grand saladier, jusqu'à obtenir une fine chapelure. Creusez un puits au centre et versez-y l'eau glacée. Malaxez le tout avec une spatule en un sable grossier. Pétrissez la pâte sur le plan de travail légèrement fariné, puis formez une boule. Aplatissez-la, filmez-la et laissez-la reposer 30 min au frais.

2. Divisez la pâte en 6 parts, étalez-les et tapissez-en des moules à tartelettes de 10 cm de diamètre. Ôtez l'excédent de pâte et piquez les fonds de pâte avec une fourchette. Faites-les cuire à blanc 15 min au four à 200 °C, jusqu'à ce que la pâte soit légèrement dorée. Si elle gonfle, aplatissez-la. Laissez refroidir, puis démoulez.

3. Pendant la cuisson des fonds de pâte, coupez le potiron en fines lamelles et faites-le cuire 15 min à la vapeur, jusqu'à ce qu'il soit tendre.

4. Versez 1 c. à soupe de crème dans les fonds de tartelettes et disposez les lamelles de potiron dessus. Salez, poivrez et arrosez d'un peu de sauce au chili. Réchauffez 1 ou 2 min au four et servez aussitôt.

APÉRITIFS ET AMUSE-BOUCHES

PANCAKES AU BEURRE
D'AVOCAT

POUR 50 PANCAKES

Préparation : 30 min
Cuisson : 30 min

1/2 avocat bien mûr
60 g de beurre
1 c. à soupe de jus de citron
1/2 c. à café de poivre concassé

POUR LA PÂTE À PANCAKES

1 œuf légèrement battu
12 cl de lait
4 c. à soupe de fines herbes hachées
1 c. à café de poivre concassé
60 g de farine
60 g de farine avec levure incorporée
beurre pour la cuisson

1. Préparez la pâte à pancakes. Dans un bol, mélangez au fouet l'œuf, le lait, les fines herbes et le poivre. Tamisez les farines au-dessus d'un grand saladier, creusez un puits au centre, puis versez-y le mélange et incorporez-le progressivement à l'aide du fouet, jusqu'à obtenir une pâte fluide et lisse.

2. Dans une grande poêle, faites chauffer un peu de beurre, puis versez-y des cuillerées à café de pâte. Faites cuire les pancakes, jusqu'à ce que des bulles se forment, puis retournez-les afin de les dorer uniformément. Réservez-les au chaud, puis renouvelez l'opération de manière à obtenir 50 pancakes.

3. Avec une fourchette, réduisez en purée la chair de l'avocat, puis mélangez-la avec le beurre, le jus de citron et le poivre, jusqu'à obtenir une consistance lisse. Étalez le beurre d'avocat sur les pancakes et servez.

APÉRITIFS ET AMUSE-BOUCHES

PALMIERS AUX OLIVES
ET AUX AMANDES

POUR 24 PALMIERS

Préparation : 30 min
Cuisson : 20 min

2 pâtes feuilletées
80 g d'olives noires dénoyautées et hachées
100 g d'amandes en poudre
25 g de parmesan râpé
2 c. à soupe de basilic ciselé
4 c. à soupe d'huile d'olive
2 c. à café de moutarde à l'ancienne
4 c. à soupe de lait
sel et poivre

1. Dans le bol d'un robot, réunissez les olives, les amandes en poudre, le parmesan, le basilic, l'huile, la moutarde, du sel et du poivre, puis mixez jusqu'à obtenir une pâte homogène.

2. Étalez les pâtes feuilletées sur le plan de travail, puis couvrez-les uniformément avec la préparation.

3. Rabattez deux côtés opposés de chaque pâte, de manière qu'ils se rejoignent au centre. Repliez de nouveau les côtés vers le centre, puis badigeonnez le dessus de la pâte de lait.

4. Coupez les boudins de pâte en tranches de 1,5 cm d'épaisseur. Déposez-les sur 2 plaques recouvertes de papier sulfurisé, en les espaçant bien. Enfournez pour 15 à 20 min à 200 °C, jusqu'à ce que les palmiers soient gonflés. Laissez-les refroidir sur une grille avant de les servir.

APÉRITIFS ET AMUSE-BOUCHES

COURGE AU PESTO
DE NOISETTES

POUR 48 BOUCHÉES

Préparation : 20 min
Cuisson : 35 min

750 g de courge
2 c. à soupe de parmesan râpé
(facultatif)
2 c. à soupe d'huile végétale
sel et poivre

POUR LE PESTO DE NOISETTES

35 g de noisettes grillées
35 g de roquette
1 c. à soupe de parmesan râpé
2 c. à soupe d'huile végétale
sel et poivre

1. Épluchez la courge, coupez-la en tranches de 2 cm d'épaisseur, puis détaillez-les en triangles d'environ 3 cm de côté. Salez et poivrez l'huile, plongez-y les triangles, puis déposez-les sur une plaque et enfournez pour 35 min à 200 °C.

2. Pendant ce temps, préparez le pesto de noisettes. Dans un saladier, mélangez tous les ingrédients pour former une pâte. Assaisonnez.

3. Déposez un peu de pesto sur chaque morceau de courge. Saupoudrez éventuellement de parmesan et de poivre, puis servez les bouchées chaudes ou froides.

APÉRITIFS ET AMUSE-BOUCHES

TARTELETTES AU CONFIT
D'OIGNONS

POUR 20 TARTELETTES

Préparation : 30 min
Cuisson : 40 min

1 pâte sablée
1 c. à soupe de tapenade
80 g de feta

POUR LE CONFIT D'OIGNONS

3 oignons émincés
1 gousse d'ail émincée
40 g de raisins secs
2 c. à soupe d'huile d'olive
2 c. à café de sucre
2 c. à soupe de vinaigre balsamique

1. Graissez une plaque de 20 mini-muffins.

2. Étalez la pâte sur le plan de travail fariné. À l'aide d'un emporte-pièce, découpez-y 20 disques de 8 cm de diamètre et tapissez-en les moules. Piquez les fonds de pâte avec une fourchette et faites-les cuire à blanc 8 min au four à 200 °C.

3. Préparez le confit d'oignons. Faites fondre les oignons et l'ail 30 min à feu doux et à couvert avec l'huile dans une grande poêle. Saupoudrez de sucre, arrosez de vinaigre et poursuivez la cuisson à feu moyen en remuant sans cesse, jusqu'à ce que le jus de cuisson soit presque totalement évaporé et que les oignons soient brillants et confits. Incorporez les raisins.

4. Badigeonnez le fond des tartelettes d'un peu de tapenade, garnissez-les d'oignons confits et parsemez de miettes de feta. Servez chaud ou à température ambiante.

APÉRITIFS ET AMUSE-BOUCHES

DOLMAS

POUR 50 DOLMAS

Préparation : 1 h
Cuisson : 55 min

235 g de feuilles de vigne
en conserve (environ 50 feuilles)
150 g de riz
35 g de raisins de Corinthe
40 g de pignons
6 ciboules hachées
15 g de menthe hachée
2 c. à soupe d'aneth ciselé
20 cl de jus de citron
15 cl d'huile d'olive
sel et poivre

1. Dans une casserole, faites chauffer 12,5 cl d'huile, puis faites revenir les ciboules 1 min. Incorporez le riz, les fines herbes et la moitié du jus de citron. Assaisonnez, puis versez 25 cl d'eau, portez à ébullition, baissez le feu, couvrez et laissez mijoter 1 min. Ajoutez les raisins, les pignons et laissez refroidir.

2. Rincez les feuilles de vigne, séparez-les, égouttez-les, puis essuyez-les avec du papier absorbant. Coupez les tiges. Tapissez le fond de 2 faitouts de feuilles déchirées (les plus grandes pour couvrir le fond et les plus petites pour combler les vides).

3. Étalez une feuille de vigne sur le plan de travail, côté brillant dessous et la tige vers vous. Déposez 1 c. à soupe de garniture au centre, puis roulez la feuille après avoir rabattu les côtés. Placez le dolma dans un faitout. Répétez l'opération en disposant les dolmas les uns contre les autres, en une seule couche.

4. Versez le jus de citron et l'huile restants ainsi que 20 cl d'eau dans chaque faitout, en recouvrant les dolmas. Posez un plat lourd et résistant à la chaleur à l'envers sur les dolmas, puis couvrez les faitouts.

5. Portez à ébullition, puis baissez le feu et laissez mijoter 45 min. Servez à température ambiante.

APÉRITIFS ET AMUSE-BOUCHES

MINI-PALMIERS
AU SÉSAME

POUR 32 MINI-PALMIERS

Préparation : 25 min
Repos : 30 min
Cuisson : 20 min

2 pâtes feuilletées
135 g de tahin (pâte de sésame)
1 piment rouge épépiné et finement haché
1/2 c. à café de paprika
sel

1 Mélangez le tahin, le piment, le paprika et un peu de sel.

2 Déroulez les pâtes feuilletées, puis tartinez-les uniformément avec le mélange.

3 Rabattez deux côtés opposés de chaque pâte, de manière qu'ils se rejoignent au centre. Repliez de nouveau les côtés vers le centre. Laissez reposer au moins 30 min au frais, afin que la pâte durcisse.

4 Coupez les boudins de pâte en tranches de 1 cm d'épaisseur. Déposez-les sur 2 plaques recouvertes de papier sulfurisé, en les espaçant bien. Enfournez pour 10 à 12 min à 200 °C, puis retournez les palmiers et prolongez la cuisson de 5 ou 6 min, jusqu'à ce qu'ils soient bien croustillants. Servez-les tièdes ou froids.

APÉRITIFS ET AMUSE-BOUCHES

MINI-QUICHES
POIVRON ET MAÏS

POUR 24 MINI-QUICHES

Préparation : 30 min
Cuisson : 20 min

2 pâtes brisées

POUR LA GARNITURE

135 g de maïs en conserve égoutté
1/2 poivron rouge finement émincé
40 g de cheddar râpé
2 œufs
15 cl de crème liquide
2 c. à café de moutarde

1. Graissez 2 plaques de 12 muffins.

2. Étalez les pâtes brisées sur le plan de travail légèrement fariné. À l'aide d'un emporte-pièce, découpez-y 12 disques de 8 cm de diamètre dans chacune d'elles et tapissez-en les moules.

3. Préparez la garniture. Dans un saladier, mélangez le maïs, le poivron et le cheddar, puis répartissez cette préparation sur les fonds de pâte. Dans un autre saladier, battez les œufs avec la crème et la moutarde, puis versez ce mélange sans remplir les moules jusqu'en haut.

4. Enfournez pour 15 à 20 min à 200 °C, jusqu'à ce que la pâte soit gonflée et dorée. Démoulez aussitôt et laissez refroidir sur une grille.

APÉRITIFS ET AMUSE-BOUCHES

CROQUETTES
AUX FINES HERBES

POUR 4 À 6 PERSONNES

Préparation : 25 min
Cuisson : 8 min

600 g de pommes de terre finement râpées
200 g de patates douces finement râpées
3 c. à soupe de ciboulette ciselée
2 c. à soupe de persil finement haché
1 c. à soupe d'origan finement haché
30 g de farine
2 œufs légèrement battus
1 c. à soupe d'huile d'olive
25 cl de crème fraîche
quelques brins d'aneth

1 Dans un saladier, tamisez la farine, puis incorporez les pommes de terre, les patates douces, les fines herbes et les œufs. Mélangez bien le tout avec une cuillère en bois.

2 Dans une poêle, faites chauffer l'huile et déposez des cuillerées à soupe bombées de pâte. Faites cuire les croquettes à feu moyen 4 min de chaque côté, jusqu'à ce qu'elles soient dorées.

3 Servez les croquettes chaudes, accompagnées d'un peu de crème et décorées de brins d'aneth.

APÉRITIFS ET AMUSE-BOUCHES

SAMOUSSAS
DE POMMES DE TERRE

POUR 16 SAMOUSSAS

Préparation : 20 min
Réfrigération : 15 min
Cuisson : 40 min

4 pâtes brisées
3 pommes de terre
1 c. à soupe d'huile d'olive
2 c. à café de gingembre haché
90 g de noix de cajou grillées et hachées
15 g de noix de coco coupée en morceaux
4 c. à soupe de crème de coco
2 c. à soupe de coriandre hachée
huile pour la friture
sel et poivre

POUR LA SAUCE
1 yaourt nature
1 petit concombre émincé
1 petit piment épépiné et haché
quelques brins de menthe hachés
(facultatif)

1. Pelez et coupez les pommes de terre en dés. Dans une grande poêle, faites chauffer l'huile d'olive, ajoutez les pommes de terre et le gingembre, puis faites cuire 8 min à feu moyen, en remuant. Incorporez les noix de cajou, la noix et la crème de coco, la coriandre. Assaisonnez et laissez refroidir.

2. Coupez chaque pâte brisée en quatre, puis déposez une portion de garniture au centre des morceaux. Humectez les bords de chacun d'eux, repliez-les en deux sur la garniture et scellez-les. Réservez 15 min au frais.

3. Préparez la sauce en mélangeant tous les ingrédients dans un bol.

4. Emplissez une grande casserole au tiers d'huile pour la friture et faites-la chauffer à 180 °C. Faites frire les samoussas 6 min, jusqu'à ce qu'ils soient dorés et croustillants, en procédant en plusieurs fois. Égouttez sur du papier absorbant et servez les samoussas immédiatement, accompagnés de la sauce.

APÉRITIFS ET AMUSE-BOUCHES

CROQUETTES
DE COURGETTE

POUR 16 CROQUETTES

Préparation : 20 min
Cuisson : 15 min

300 g de courgettes râpées
1 petit oignon finement haché
30 g de farine avec levure incorporée
35 g de parmesan râpé
1 c. à soupe de menthe hachée
2 c. à café de persil haché
1 pincée de muscade râpée
25 g de chapelure
1 œuf légèrement battu
quartiers de citron
huile d'olive pour la friture
sel et poivre

1 Posez les courgettes et l'oignon au centre d'un torchon propre, réunissez les coins et tordez en serrant le plus possible pour extraire tout le jus. Mélangez-les à la farine, le parmesan, la menthe, le persil, la muscade, la chapelure et l'œuf dans un grand saladier. Salez et poivrez généreusement, puis mélangez à la main pour obtenir une pâte compacte.

2 Faites chauffer l'huile dans une grande poêle à feu moyen. Plongez des cuillerées à soupe rases de pâte dans l'huile et laissez frire 2 ou 3 min, jusqu'à ce que les croquettes soient dorées. Égouttez sur du papier absorbant. Servez les croquettes très chaudes, accompagnées de quartiers de citron.

APÉRITIFS ET AMUSE-BOUCHES

TARTELETTES
CHÈVRE ET POMMES

POUR 24 TARTELETTES

Préparation : 10 min
Cuisson : 25 min

2 pâtes feuilletées

POUR LA GARNITURE
300 g de fromage de chèvre coupé en rondelles
2 pommes
2 c. à soupe d'huile d'olive
1 c. à soupe de thym citron haché
gros sel et poivre

1. Découpez chaque pâte feuilletée en 12 carrés. Déposez-les sur une plaque légèrement huilée, en les espaçant bien.

2. Répartissez le fromage sur les carrés de pâte, en laissant une étroite bordure libre. Coupez les pommes en quartiers sans les peler, évidez-les et émincez-les finement. Disposez les lamelles de pomme sur le fromage, en les faisant se chevaucher. Arrosez d'huile et parsemez de thym citron, d'un peu de gros sel et de poivre.

3. Enfournez pour 20 à 25 min à 210 °C, jusqu'à ce que les petites tartes soient bien dorées. Servez immédiatement.

APÉRITIFS ET AMUSE-BOUCHES

AUMÔNIÈRES
DE LÉGUMES

POUR 6 PERSONNES

Préparation : 50 min
Cuisson : 45 min
Repos : 30 min

1 pâte brisée

POUR LA GARNITURE

2 pommes de terre nouvelles coupées en dés
350 g de courge butternut coupée en dés
100 g de brocoli en bouquets
100 g de chou-fleur en bouquets
1 courgette râpée
1 carotte râpée
3 oignons nouveaux émincés
90 g de cheddar râpé
125 g de ricotta
50 g de parmesan râpé
3 c. à soupe de persil haché
1 œuf légèrement battu
sel et poivre

1. Préparez la garniture. Faites cuire les pommes de terre et la courge à la vapeur ou à l'eau bouillante 10 à 15 min, jusqu'à ce qu'elles soient tendres. Égouttez-les, laissez-les refroidir dans un grand saladier, puis incorporez délicatement le reste des ingrédients. Salez et poivrez.

2. Graissez 6 moules à tartelettes de 10 cm de diamètre. Divisez la pâte en 6 parts, étalez-les en disques de 20 cm de diamètre, puis tapissez-en les moules en laissant dépasser la pâte.

3. Répartissez la garniture sur les fonds de pâte. Rabattez l'excédent de pâte dessus, en la plissant pour bien entourer la garniture. Couvrez les aumônières de film alimentaire et laissez reposer 30 min au frais.

4. Enfournez pour 25 à 30 min à 190 °C, jusqu'à ce que la pâte soit cuite et bien dorée. Servez très chaud.

APÉRITIFS ET AMUSE-BOUCHES

MINI-PIZZAS AUX
POMMES DE TERRE

POUR 48 MINI-PIZZAS

Préparation : 25 min
Repos : 1 h 10
Cuisson : 15 min

400 g de pommes de terre

POUR LA PÂTE
1 c. à café de levure de boulanger déshydratée
1/2 c. à café de sucre
8 cl d'eau tiède
310 g de farine
1 pincée de sel
8 cl d'huile d'olive + 2 c. à soupe
1 c. à soupe de romarin
gros sel

1. Préparez la pâte. Délayez la levure et le sucre dans l'eau tiède. Laissez reposer 10 min dans un endroit chaud. Le mélange doit être mousseux et avoir légèrement augmenté de volume. S'il ne mousse pas, recommencez avec une autre dose de levure.

2. Dans un saladier, mettez la farine et le sel. Creusez un puits au centre, puis versez-y la levure préparée et l'huile. Mélangez jusqu'à obtenir une pâte molle. Pétrissez la pâte sur le plan de travail fariné 5 min, jusqu'à ce qu'elle soit lisse et élastique, puis mettez-la dans un saladier huilé, filmez et laissez reposer 1 h dans un endroit chaud.

3. Rompez la pâte levée d'un coup de poing. Sortez-la et pétrissez-la 1 min. Partagez-la en 48 parts et étalez-les en disques de 5 cm de diamètre. Disposez-les sur des plaques huilées.

4. Coupez les pommes de terre en fines rondelles sans les peler. Déposez-en une sur chaque disque de pâte, puis badigeonnez d'un peu d'huile et parsemez de romarin et de gros sel.

5. Enfournez pour 12 à 15 min à 220 °C dans la partie supérieure du four, jusqu'à ce que la pâte soit croustillante et dorée. Servez aussitôt.

APÉRITIFS ET AMUSE-BOUCHES

BOULETTES DE YAOURT
AUX HERBES

POUR 12 BOULETTES

Préparation : 20 min
Égouttage : 3 jours
Marinade : 1 jour

500 g de yaourt à la grecque
1 c. à soupe d'origan séché
2 c. à café de thym séché
35 cl d'huile d'olive
1 feuille de laurier
sel et poivre

1. Quatre jours avant, mélangez le yaourt avec 1 c. à café de sel et de poivre dans un saladier. Pliez un morceau de tissu mousseline de 30 x 60 cm en deux pour obtenir un carré. Tapissez un autre saladier avec cette mousseline et versez la préparation au centre. En enserrant au plus près le yaourt, joignez les extrémités de la mousseline et liez-les avec de la ficelle de cuisine. Formez une boucle dans laquelle vous enfilez le manche d'une cuillère en bois. Laissez égoutter le yaourt 3 jours au-dessus d'un saladier, dans le réfrigérateur.

2. La veille, mélangez l'origan et le thym dans un bol. Versez la moitié de l'huile dans un bocal de 50 cl et ajoutez le laurier. Prélevez des cuillerées à soupe rases de yaourt pour façonner des boulettes. Roulez-les dans le mélange d'herbes avant de les plonger dans le bocal. Recouvrez complètement les boulettes du reste d'huile. Fermez le bocal et laissez mariner au moins 1 jour au frais.

3. Le jour même, servez les boulettes à température ambiante avec du pain.

APÉRITIFS ET AMUSE-BOUCHES

QUICHE À L'ARTICHAUT
ET AUX ASPERGES

POUR 4 À 6 PERSONNES

Préparation : 40 min
Cuisson : 40 min
Repos : 20 min

1 pâte sablée

POUR LA GARNITURE

150 g d'asperges épluchées
et coupées en tronçons
140 g de cœurs d'artichaut
marinés et coupés en quartiers
3 œufs
12,5 cl de crème liquide
40 g de gruyère râpé
60 g de cheddar râpé
sel et poivre

1 Étalez la pâte sablée entre deux feuilles de papier sulfurisé, puis tapissez-en un moule à tarte à bord amovible et peu profond de 25 cm de diamètre. Ôtez l'excédent de pâte. Couvrez le fond de tarte de papier sulfurisé lesté de légumes secs et faites-le cuire à blanc 15 min au four à 190 °C, jusqu'à ce que la pâte soit sèche et légèrement dorée. Retirez le papier avec les légumes secs. Laissez refroidir quelques minutes. Baissez la température du four à 180 °C.

2 Préparez la garniture. Faites blanchir les asperges dans de l'eau bouillante salée. Égouttez et refroidissez-les sous l'eau froide. Répartissez les cœurs d'artichaut et les asperges sur le fond de pâte. Dans un saladier, mélangez légèrement les œufs, la crème et le gruyère. Assaisonnez, puis versez cette préparation sur les légumes. Parsemez de cheddar.

3 Enfournez pour 25 min, jusqu'à ce que la quiche soit ferme et bien dorée. Pour éviter que la pâte brûle avant que la garniture soit cuite, couvrez la quiche d'une feuille d'aluminium.

SALADES VITAMINÉES

Salade de légumes aux épices	**60**
Salade de cresson	**62**
Salade d'avocat et de haricots	**64**
Antipasto de légumes	**66**
Salade de concombre et de feta	**68**
Nouilles soba en salade	**70**
Salade de lentilles et de riz	**72**
Salade de carottes tunisienne	**74**
Salade d'olives, noix et grenade	**76**

Salade de pois chiches aux olives	**78**
Salade de lentilles aux poivrons	**80**
Salade de haricots aux croûtons	**82**
Salade de potiron et d'avocat	**84**
Taboulé	**86**
Salade complète aux épinards	**88**
Salade de pousses germées	**90**
Salade de légumes grillés	**92**
Salade de farfalle aux épinards	**94**

SALADES VITAMINÉES

SALADE DE LÉGUMES
AUX ÉPICES

POUR 4 PERSONNES

Préparation : 15 min
Cuisson : 5 min

300 g de haricots verts
1 poivron rouge
10 feuilles d'épinards
1 oignon rouge
80 g de pousses de mange-tout
100 g de germes de soja

POUR LA SAUCE

2 c. à soupe d'huile d'arachide
1 gousse d'ail écrasée
1 c. à café de gingembre râpé
1 petit piment rouge
épépiné et émincé
2 c. à soupe de noix
de coco râpée
1 c. à soupe de vinaigre
de vin vieux

1 Coupez les haricots en tronçons et le poivron en fines lamelles. Émincez finement les épinards et l'oignon. Retirez 1 cm des pousses de mange-tout.

2 Blanchissez les haricots 1 min dans une grande casserole d'eau bouillante, puis égouttez-les. Mélangez-les avec tous les autres légumes dans un saladier.

3 Préparez la sauce. Faites chauffer l'huile dans une petite poêle. Ajoutez l'ail, le gingembre, le piment et la noix de coco, puis faites sauter à feu moyen 1 min. Versez le vinaigre et 8 cl d'eau, et laissez mijoter 1 min. Laissez refroidir.

4 Versez la sauce sur la salade de légumes et mélangez bien. Vous pouvez aussi en réserver une partie et la présenter à part.

SALADES VITAMINÉES

SALADE
DE CRESSON

POUR 4 À 6 PERSONNES

Préparation : 35 min

500 g de cresson
3 branches de céleri
1 concombre
3 oranges
1 oignon rouge coupé
en rondelles
35 g de ciboulette ciselée
60 g de noix de pécan ou de noix
concassées

POUR LA SAUCE

4 c. à soupe d'huile d'olive
4 c. à soupe de jus de citron
1 c. à soupe de miel
2 c. à café de zeste d'orange
1 c. à café de moutarde
à l'ancienne
poivre

1 Séparez le cresson en brins et jetez les tiges les plus coriaces. Coupez le céleri en bâtonnets de 5 cm de long. Pelez le concombre, coupez-le en deux, retirez les pépins et émincez-le finement. Pelez les oranges et séparez les quartiers. Laissez rafraîchir le tout dans un saladier au réfrigérateur.

2 Préparez la sauce. Fouettez tous les ingrédients dans un bol et poivrez.

3 Mélangez l'oignon et la ciboulette à la salade. Versez la sauce et remuez. Parsemez de noix, puis servez.

SALADES VITAMINÉES

SALADE D'AVOCAT
ET DE HARICOTS

POUR 4 PERSONNES

Préparation : 15 min
Trempage : 12 h
Cuisson : 1 h 30

2 avocats émincés
250 g de haricots noirs secs
375 g de maïs en conserve égoutté
4 tomates coupées en morceaux
1 poivron rouge émincé
1 mangue émincée
1 oignon rouge émincé
150 g de roquette
90 g de coriandre hachée

POUR LA SAUCE

4 c. à soupe d'huile d'olive
2 c. à soupe de jus de citron vert
1 gousse d'ail écrasée
1 petit piment rouge épépiné et émincé

1 La veille, mettez à tremper les haricots noirs dans de l'eau froide.

2 Le jour même, rincez les haricots, puis égouttez-les. Mettez-les dans une grande casserole, couvrez-les d'eau et portez à ébullition. Baissez le feu et laissez frissonner 1 h 30, jusqu'à ce qu'ils soient tendres. Égouttez et laissez légèrement refroidir.

3 Mettez les haricots et le reste des ingrédients dans un grand saladier, puis mélangez.

4 Préparez la sauce. Fouettez tous les ingrédients dans un bol. Versez la sauce sur la salade et remuez.

SALADES VITAMINÉES

ANTIPASTO DE LÉGUMES

POUR 4 À 6 PERSONNES

Préparation : 10 min

200 g de tomates séchées
200 g d'olives noires marinées
200 g d'aubergine émincée
200 g d'artichauts marinés
2 pincées de piment doux séché
3 c. à soupe de basilic ciselé
vinaigre balsamique

1. Mélangez les tomates séchées, les olives, l'aubergine, les artichauts et le piment. Ajoutez le basilic et remuez.

2. Arrosez d'un filet de vinaigre avant de servir.

SALADES VITAMINÉES

SALADE DE CONCOMBRE
ET DE FETA

POUR 4 PERSONNES

Préparation : 15 min

4 mini-concombres
120 g de feta
1 petit oignon rouge
1 1/2 c. à soupe d'aneth
finement ciselé

POUR LA SAUCE

1 c. à soupe de menthe séchée
4 c. à soupe d'huile d'olive
1 1/2 c. à soupe de jus de citron
sel et poivre

1. Pelez et épépinez les concombres, puis détaillez-les en dés de 1 cm de côté ainsi que la feta. Émincez finement l'oignon. Mélangez le tout dans un saladier avec l'aneth.

2. Préparez la sauce. Réduisez la menthe en fine poudre en la pilant dans un mortier ou en l'écrasant dans une passoire très fine. Mélangez-la avec l'huile et le jus de citron. Salez et poivrez.

3. Versez la sauce sur la salade, remuez bien et servez.

SALADES VITAMINÉES

NOUILLES SOBA
EN SALADE

POUR 4 PERSONNES

Préparation : 25 min
Cuisson : 15 min

250 g de nouilles soba sèches
4 cm de gingembre
1 carotte
4 oignons nouveaux
1 feuille de nori
un peu de gingembre mariné
au vinaigre émincé
quelques daïkon au vinaigre
émincés

POUR LA SAUCE

3 c. à soupe de dashi instantané
en granulés
12,5 cl de sauce soja japonaise
5 1/2 c. à soupe de mirin
sel et poivre

1. Plongez les nouilles dans une casserole d'eau bouillante et laissez cuire 2 ou 3 min. Égouttez-les.

2. Détaillez le gingembre et la carotte en bâtonnets de 4 cm de long. Émincez les oignons. Portez à ébullition une petite casserole d'eau, ajoutez le tout et faites blanchir 30 sec. Égouttez-les.

3. Préparez la sauce. Dans une petite casserole, délayez le dashi avec 40 cl d'eau. Ajoutez la sauce soja, le mirin, salez et poivrez, portez à ébullition, puis laissez refroidir. Répartissez dans des bols.

4. Mélangez les nouilles et les légumes cuits, puis répartissez-les dans les bols.

5. Faites griller la feuille de nori 15 sec à feu doux, en l'agitant au-dessus de la flamme, puis ciselez-la. Au moment de servir, parsemez-en les bols de nouilles. Accompagnez les nouilles d'un peu de gingembre et de daïkon au vinaigre, ainsi que d'une coupelle de sauce pour y plonger les nouilles.

SALADES VITAMINÉES

SALADE DE LENTILLES
ET DE RIZ

POUR 6 PERSONNES

Préparation : 15 min
Cuisson : 40 min

180 g de lentilles
200 g de riz basmati
4 gros oignons rouges émincés
4 gousses d'ail écrasées
3 ciboules hachées
3 c. à soupe d'huile d'olive
40 g de beurre
2 c. à café de cannelle
2 c. à café de paprika doux
2 c. à café de cumin en poudre
2 c. à café de coriandre
en poudre
poivre

1. Faites cuire séparément les lentilles et le riz dans de l'eau bouillante jusqu'à ce qu'ils soient tendres. Égouttez-les.

2. Pendant ce temps, faites chauffer l'huile et le beurre dans une poêle à feu doux. Ajoutez les oignons et l'ail, puis faites-les revenir 30 min, jusqu'à ce qu'ils soient très tendres.

3. Ajoutez les épices dans la poêle, puis prolongez la cuisson de quelques minutes. Transvasez le tout dans un saladier.

4. Ajoutez les lentilles et le riz, puis mélangez bien. Incorporez les ciboules. Poivrez et servez chaud.

SALADES VITAMINÉES

SALADE DE CAROTTES
TUNISIENNE

POUR 6 PERSONNES

Préparation : 10 min
Cuisson : 10 min

500 g de carottes
12 olives noires
2 œufs durs coupés en quatre
2 gousses d'ail écrasées
3 c. à soupe de persil finement haché
1 c. à café de cumin en poudre
5 c. à soupe d'huile d'olive
4 c. à soupe de vinaigre
1/2 c. à café de harissa
sel et poivre

1. Pelez et coupez les carottes en fines rondelles. Dans une casserole, portez à ébullition 3 c. à soupe d'eau, puis ajoutez les carottes et faites-les cuire, jusqu'à ce qu'elles soient tendres.

2. Égouttez les carottes et transvasez-les dans un saladier. Incorporez l'ail, le persil, le cumin, l'huile et le vinaigre. Relevez avec la harissa, salez, poivrez et mélangez.

3. Mettez la salade dans un plat, puis garnissez-la avec les olives et les quartiers d'œufs durs.

SALADES VITAMINÉES

SALADE D'OLIVES,
NOIX ET GRENADE

POUR 4 PERSONNES

Préparation : 10 min
Cuisson : 2 min

350 g d'olives vertes dénoyautées
100 g de cerneaux de noix
175 g de graines de grenade
1 gros oignon rouge haché
20 g de persil ciselé
sel et poivre

POUR LA SAUCE

4 c. à soupe d'huile d'olive
1 1/2 c. à soupe de sirop
de grenade
1/2 c. à café de piment
de Cayenne

1. Faites tremper les noix dans de l'eau bouillante 3 ou 4 min, jusqu'à ce que la peau se détache facilement. Égouttez-les, pelez-les et essuyez-les avec du papier absorbant, puis faites-les légèrement griller. Laissez-les refroidir, puis hachez-les grossièrement.

2. Préparez la sauce en mélangeant tous les ingrédients dans un bol.

3. Dans un saladier, réunissez les olives, les noix hachées, les graines de grenade, l'oignon et le persil, puis mélangez bien. Juste avant de servir, arrosez de sauce, assaisonnez et remuez.

SALADES VITAMINÉES

SALADE DE POIS CHICHES
AUX OLIVES

POUR 6 PERSONNES

Préparation : 20 min
Trempage : 12 h
Cuisson : 25 min

330 g de pois chiches secs
60 g d'olives noires dénoyautées
1 mini-concombre
2 tomates
1 petit oignon rouge
3 c. à soupe de persil haché

POUR LA SAUCE

4 c. à soupe d'huile d'olive
1 c. à soupe de jus de citron
1 gousse d'ail écrasée
1 c. à café de miel

1. La veille, mettez les pois chiches à tremper dans de l'eau froide.

2. Le jour même, égouttez les pois chiches, puis placez-les dans une casserole. Couvrez d'eau et faites cuire 25 min, jusqu'à ce qu'ils soient tendres. Égouttez et laissez refroidir.

3. Coupez le concombre en deux dans la longueur. Épépinez-le à l'aide d'une cuillère, puis coupez-le en tranches de 1 cm d'épaisseur. Détaillez les tomates en dés de la taille des pois chiches. Émincez l'oignon.

4. Dans un plat, réunissez les pois chiches, les olives, le concombre, les tomates, l'oignon et le persil.

5. Préparez la sauce en mélangeant tous les ingrédients dans un bol. Versez la sauce sur la salade et remuez bien. Servez à température ambiante.

SALADES VITAMINÉES

SALADE DE LENTILLES
AUX POIVRONS

POUR 4 À 6 PERSONNES

Préparation : 20 min
Cuisson : 20 min
Réfrigération : 1 h

250 g de lentilles
1 gros poivron rouge
1 gros poivron jaune
1 mini-concombre émincé
1 oignon rouge émincé

POUR LA SAUCE
5 c. à soupe d'huile d'olive
2 c. à soupe de jus de citron
2 gousses d'ail écrasées
1 c. à café de cumin en poudre
sel et poivre

1. Coupez les poivrons en deux. Ôtez les pépins et les membranes blanches, puis placez-les sous le gril du four, jusqu'à ce que la peau noircisse et cloque.

2. Étalez les poivrons sur une planche à découper, couvrez-les d'un torchon et laissez refroidir. Retirez la peau, puis coupez la chair en fines lanières.

3. Portez à ébullition une casserole d'eau, puis faites cuire les lentilles 10 min, jusqu'à ce qu'elles soient tendres (ne les faites pas trop cuire pour ne pas les réduire en purée). Égouttez-les.

4. Dans un saladier, réunissez les lentilles, les poivrons, le concombre, l'oignon et mélangez.

5. Préparez la sauce. Fouettez tous les ingrédients dans un bol, puis assaisonnez. Versez la sauce sur la salade et remuez. Couvrez et réservez 1 h au frais. Laissez revenir à température ambiante avant de servir.

SALADES VITAMINÉES

SALADE DE HARICOTS
AUX CROÛTONS

POUR 4 À 6 PERSONNES

Préparation : 25 min
Cuisson : 5 min

200 g de haricots mange-tout
1 gros poivron rouge
10 feuilles de laitue
250 g de tomates cerises
60 g de cresson
parmesan en copeaux

POUR LES CROÛTONS

3 tranches de pain
4 c. à soupe d'huile d'olive
1 gousse d'ail écrasée

POUR LA SAUCE

2 c. à soupe d'huile d'olive
2 c. à soupe de jus de citron
1 c. à soupe de mayonnaise
1 c. à soupe de crème fraîche
1 c. à café de cassonade
1 pincée de poivre concassé

1 Coupez les haricots dans l'épaisseur. Coupez le poivron en deux, ôtez les pépins et les membranes blanches, puis détaillez la chair en lamelles.

2 Dans un grand saladier, mélangez les haricots, le poivron, la laitue, les tomates cerises et le cresson.

3 Préparez les croûtons. Ôtez la croûte du pain et coupez la mie en dés de 1 cm de côté. Faites chauffer l'huile dans une petite poêle, ajoutez l'ail et le pain, puis faites cuire en remuant, jusqu'à ce que les croûtons soient dorés et croustillants. Égouttez sur du papier absorbant.

4 Préparez la sauce. Dans un bol, fouettez tous les ingrédients, jusqu'à obtenir une sauce homogène.

5 Juste avant de servir, parsemez la salade de croûtons à l'ail et de copeaux de parmesan. Nappez de sauce et remuez.

SALADES VITAMINÉES

SALADE DE POTIRON ET D'AVOCAT

POUR 6 PERSONNES

Préparation : 20 min
Cuisson : 10 min

750 g de potiron
1 gros avocat

POUR LA VINAIGRETTE
2 c. à soupe d'huile d'olive
2 c. à café de vinaigre balsamique
2 c. à café de sauce thaïe au piment doux
1 oignon rouge émincé
1 c. à soupe de coriandre hachée
1 c. à soupe de menthe hachée
1 c. à café de cassonade

1. Épépinez le potiron à l'aide d'une cuillère, puis coupez-le en tranches et ôtez l'écorce. Dans une grande casserole d'eau frémissante, faites cuire le potiron, jusqu'à ce qu'il soit tendre, mais encore ferme. Égouttez-le.

2. Préparez la vinaigrette en mélangeant tous les ingrédients dans un bol.

3. Coupez l'avocat en deux. Ôtez le noyau, enlevez la peau et coupez la chair en tranches fines.

4. Dans un saladier, mélangez le potiron encore chaud et l'avocat, puis nappez de vinaigrette. Remuez délicatement la salade et servez immédiatement.

SALADES VITAMINÉES

TABOULÉ

POUR 6 PERSONNES

Préparation : 20 min
Trempage : 1 h 30
Repos : 30 min

130 g de boulgour
3 tomates bien mûres
1 concombre
4 oignons nouveaux émincés
2 bouquets de persil hachés
2 bouquets de menthe hachés

POUR LA SAUCE

5 c. à soupe de jus de citron
5 c. à soupe d'huile d'olive
sel et poivre

1. Mettez le boulgour à tremper 1 h 30 dans 50 cl d'eau froide.

2. Pendant ce temps, coupez les tomates en deux et pressez-les pour retirer en partie les graines. Tranchez le concombre en deux dans la longueur, puis enlevez les graines avec une cuillère à café. Détaillez le tout en dés de 1 cm de côté.

3. Préparez la sauce. Dans un saladier, fouettez le jus de citron avec 1 c. à café de sel. Poivrez généreusement, puis versez peu à peu l'huile, sans cesser de fouetter.

4. Égouttez le boulgour et essorez-le bien pour en extraire le maximum d'eau. Étalez-le sur un torchon ou du papier absorbant et laissez-le sécher 30 min.

5. Dans un grand saladier, mélangez le boulgour, les tomates, le concombre, les oignons, le persil et la menthe. Versez la sauce et remuez bien avant de servir.

SALADES VITAMINÉES

SALADE COMPLÈTE
AUX ÉPINARDS

POUR 6 À 8 PERSONNES

Préparation : 25 min
Cuisson : 20 min

200 g de riz brun
200 g de lentilles
100 g de pousses d'épinards
2 tomates
1 carotte
2 branches de céleri
1 oignon rouge
2 gousses d'ail écrasées
2 c. à soupe d'huile d'olive
3 c. à soupe de coriandre hachée
3 c. à soupe de menthe hachée
2 c. à soupe de pignons grillés
sel

POUR LA VINAIGRETTE

4 c. à soupe d'huile d'olive
2 c. à soupe de vinaigre balsamique
1 c. à soupe de jus de citron
sel et poivre

1 Entaillez en croix la base des tomates, puis placez-les dans un saladier et couvrez-les d'eau bouillante. Au bout de 30 sec, plongez les tomates dans de l'eau froide, puis égouttez-les et pelez-les. Coupez-les en deux, épépinez-les, puis détaillez-les en dés. Coupez en dés la carotte, le céleri et l'oignon.

2 Portez à ébullition une grande casserole d'eau, versez-y 1 c. à soupe de sel, puis ajoutez le riz et faites-le cuire 20 min, jusqu'à ce qu'il soit tendre. Égouttez-le, puis rincez-le à l'eau froide.

3 Pendant la cuisson du riz, faites chauffer l'huile dans une casserole à feu doux, ajoutez l'ail, les dés d'oignon, de carotte et de céleri, puis faites cuire 5 min. Versez les lentilles et 40 cl d'eau. Portez à ébullition et laissez mijoter 15 min, jusqu'à ce que les lentilles soient tendres. Égouttez le tout, mais ne rincez pas. Dans un saladier, réunissez les lentilles, le riz, les dés de tomate, la coriandre et la menthe, puis remuez.

4 Préparez la vinaigrette. Dans un bol, fouettez tous les ingrédients, puis assaisonnez. Versez la vinaigrette sur la salade, parsemez des pignons et d'épinards, puis remuez bien.

SALADES VITAMINÉES

SALADE DE POUSSES
GERMÉES

POUR 6 PERSONNES

Préparation : 30 min

250 g de germes de haricot mange-tout
250 g de germes de soja
100 g de haricots mange-tout
1 branche de céleri
2 poires
30 g de ciboulette
quelques brins de coriandre
1 poignée de graines de sésame

POUR LA VINAIGRETTE

2 c. à soupe d'huile d'arachide
1 c. à soupe de vinaigre de riz
1 c. à café d'huile de sésame
2 c. à soupe de sauce soja
1 c. à soupe de cassonade

1. Lavez et égouttez les germes de haricot mange-tout, puis supprimez la partie fine et brune des germes de soja. Détaillez les haricots mange-tout et le céleri en fins bâtonnets. Coupez la ciboulette en morceaux de 4 cm de long.

2. Pelez et épépinez les poires, puis coupez-les en lamelles un peu plus larges que les bâtonnets de haricot et de céleri. Placez-les dans un saladier et couvrez-les d'eau pour éviter qu'elles ne noircissent.

3. Préparez la vinaigrette en mélangeant tous les ingrédients dans un bol.

4. Égouttez les lamelles de poire. Dans un grand saladier, réunissez les germes de haricot mange-tout et de soja, les haricots mange-tout, le céleri et les poires. Ajoutez de la coriandre, arrosez de vinaigrette et mélangez bien. Parsemez de graines de sésame et servez.

SALADES VITAMINÉES

SALADE DE LÉGUMES GRILLÉS

POUR 4 PERSONNES

Préparation : 15 min
Cuisson : 12 min

6 petites aubergines
(environ 15 cm de long)
4 poivrons rouges
4 poivrons orange
1 oignon rouge
2 gousses d'ail émincées
1 c. à soupe de petites câpres
5 c. à soupe d'huile d'olive
1 c. à soupe de persil haché
sel et poivre

1. Allumez un barbecue. Coupez l'oignon en 6 tranches, en les laissant attachées par la base. Faites griller l'oignon, les aubergines et les poivrons 10 min à chaleur moyenne, en les retournant de temps en temps, jusqu'à ce que la peau des aubergines et des poivrons soit noire et cloque. Laissez refroidir les poivrons 10 min dans un sac en plastique.

2. Dans une poêle, faites chauffer les câpres à sec avec 1 pincée de sel, jusqu'à ce qu'elles soient croquantes.

3. Séparez les tranches d'oignon et retirez les éventuelles couches noircies. Pelez les aubergines, puis coupez-les en tranches. Pelez les poivrons, coupez-les en deux, ôtez les pépins et les membranes blanches, puis coupez-les en grosses lanières.

4. Déposez tous les légumes dans un grand plat, arrosez d'huile et assaisonnez. Parsemez d'ail, de câpres et de persil. Servez froid.

SALADES VITAMINÉES

SALADE DE FARFALLE
AUX ÉPINARDS

POUR 6 PERSONNES

Préparation : 20 min
Cuisson : 15 min

500 g de farfalle
1 kg d'épinards coupés en lanières
3 ciboules
50 g de tomates séchées coupées en lanières
50 g de pignons grillés
1 c. à soupe d'origan haché

POUR LA SAUCE

4 c. à soupe d'huile d'olive
1 gousse d'ail écrasée
1 c. à café de piment épépiné et émincé
sel et poivre

1. Faites cuire les pâtes dans une grande casserole d'eau bouillante salée, jusqu'à ce qu'elles soient *al dente*. Égouttez-les, laissez refroidir et transvasez dans un grand saladier.

2. Émincez finement les ciboules en biseau. Ajoutez-les aux pâtes avec les épinards, les tomates séchées, les pignons et l'origan.

3. Préparez la sauce. Fouettez tous les ingrédients dans un bol et assaisonnez. Versez la sauce sur la salade et remuez bien.

PÂTES, RIZ ET CURRYS

Tortellini à l'aubergine	**98**
Fettuccine aux courgettes	**100**
Nouilles chinoises aux champignons	**102**
Penne à la roquette	**104**
Raviolis aux fines herbes	**106**
Nouilles à la sauce aux haricots	**108**
Gnocchis d'épinards à la ricotta	**110**
Gnocchis de potiron à la sauge	**112**
Pilaf vert aux noix de cajou	**114**
Riz aux haricots jamaïcain	**116**
Pilaf petits pois et oignons	**118**

Riz indonésien à la noix de coco	**120**
Pilaf de riz sauvage aux champignons	**122**
Boulettes de risotto	**124**
Dhal de lentilles corail	**126**
Phad thaï	**128**
Curry de pommes de terre	**130**
Curry de petits pois aux œufs	**132**
Curry de pois chiches	**134**
Curry de légumes au piment	**136**
Curry jaune de légumes	**138**
Curry de patate douce et d'aubergine	**140**

PÂTES, RIZ ET CURRYS

TORTELLINI
À L'AUBERGINE

POUR 4 PERSONNES

Préparation : 10 min
Cuisson : 20 min

500 g de tortellini au fromage frais et aux épinards
500 g d'aubergines
1 poivron rouge
425 g de tomates concassées en conserve non égouttées
2 gousses d'ail écrasées
4 c. à soupe d'huile végétale
25 cl de bouillon de légumes
25 g de basilic ciselé
sel

1 Coupez le poivron en deux, puis en dés. Coupez également les aubergines en dés.

2 Portez à ébullition une grande casserole d'eau salée et faites-y cuire les tortellini *al dente*. Égouttez-les, puis remettez-les dans la casserole.

3 Pendant la cuisson des pâtes, faites chauffer l'huile dans une grande poêle à feu moyen, ajoutez l'ail et le poivron, puis faites revenir 1 min en remuant. Ajoutez les aubergines et faites cuire 5 min à feu moyen, en remuant délicatement, jusqu'à ce qu'elles brunissent.

4 Ajoutez les tomates et le bouillon dans la poêle, puis portez à ébullition en continuant de remuer. Ramenez à feu doux, couvrez et laissez cuire 10 min, jusqu'à ce que les légumes soient tendres. Ajoutez le basilic et les tortellini, puis mélangez.

PÂTES, RIZ ET CURRYS

FETTUCCINE
AUX COURGETTES

POUR 6 PERSONNES

Préparation : 15 min
Cuisson : 15 min

500 g de fettuccine
500 g de courgettes
2 gousses d'ail écrasées
75 g de parmesan râpé
1 poignée de basilic
60 g de beurre
huile d'olive pour la friture
sel

1. Dans une petite poêle, faites chauffer l'huile, puis faites frire les feuilles de basilic 1 min, deux par deux, jusqu'à ce qu'elles soient croustillantes. À l'aide d'une écumoire, sortez-les de l'huile et égouttez-les sur du papier absorbant.

2. Portez à ébullition une grande casserole d'eau salée et faites cuire les fettuccine *al dente*. Égouttez, puis remettez les pâtes dans la casserole.

3. Pendant la cuisson des pâtes, râpez les courgettes. Dans une autre casserole, faites chauffer le beurre à feu doux, jusqu'à ce qu'il mousse, puis faites revenir l'ail 1 min. Ajoutez les courgettes et laissez cuire 1 ou 2 min, en remuant de temps en temps, jusqu'à ce qu'elles soient tendres.

4. Versez les courgettes sur les pâtes chaudes, ajoutez le parmesan, remuez, puis servez les pâtes garnies des feuilles de basilic croustillantes.

PÂTES, RIZ ET CURRYS

NOUILLES CHINOISES
AUX CHAMPIGNONS

POUR 4 PERSONNES

Préparation : 35 min
Cuisson : 10 min

250 g de nouilles fraîches aux œufs
200 g de shiitakés
200 g de pleurotes
1 poivron rouge
6 ciboules
2 gousses d'ail écrasées
2 c. à soupe de gingembre râpé
25 g de ciboulette ciselée
40 g de noix de cajou
1 c. à soupe d'huile d'arachide
1 c. à café d'huile de sésame
4 c. à soupe de sauce soja à teneur réduite en sel
2 c. à soupe de sauce soja sucrée

1. Plongez les nouilles dans une casserole d'eau bouillante 2 min, puis égouttez.

2. Coupez le poivron en deux, puis en lanières. Émincez les ciboules et les shiitakés.

3. Dans un wok à feu vif, faites chauffer les huiles, puis faites revenir les ciboules, l'ail et le gingembre 2 min. Ajoutez le poivron, les shiitakés et les pleurotes, puis faites sauter 3 min à feu vif, jusqu'à ce que les champignons soient brun doré.

4. Incorporez les nouilles, puis ajoutez la ciboulette, les noix de cajou, les sauces soja. Faites sauter 3 min à feu vif, jusqu'à ce que les nouilles soient enrobées de sauce.

PÂTES, RIZ ET CURRYS

PENNE
À LA ROQUETTE

POUR 4 PERSONNES

Préparation : 15 min
Cuisson : 15 min

500 g de penne
200 g de roquette
3 tomates
40 g de beurre
40 g de pecorino râpé
un peu de parmesan en copeaux
sel et poivre

1 Coupez grossièrement la roquette et hachez finement les tomates.

2 Portez à ébullition une grande casserole d'eau salée et faites cuire les penne *al dente*. Égouttez, puis remettez les pâtes dans la casserole. Faites chauffer à feu doux, puis ajoutez le beurre et remuez jusqu'à ce qu'il ait fondu et que les pâtes en soient enrobées.

3 Ajoutez la roquette et les tomates. Mélangez pour faire fondre la roquette, puis incorporez le pecorino et assaisonnez. Garnissez de copeaux de parmesan et servez.

PÂTES, RIZ ET CURRYS

RAVIOLIS AUX FINES
HERBES

POUR 6 PERSONNES

Préparation : 15 min
Cuisson : 10 min

800 g de raviolis à la ricotta
2 c. à soupe de persil haché
20 g de basilic ciselé
2 c. à soupe de ciboulette ciselée
1 gousse d'ail coupée en deux
2 c. à soupe d'huile d'olive
60 g de beurre coupé
en morceaux
un peu de parmesan râpé
sel et poivre

1 Dans un bol, mélangez l'huile et l'ail.

2 Portez à ébullition une grande casserole d'eau salée et faites cuire les raviolis *al dente*. Égouttez, puis remettez-les dans la casserole.

3 Retirez l'ail du bol, puis versez l'huile dans la casserole. Ajoutez le beurre et les fines herbes, puis mélangez et assaisonnez. Garnissez de parmesan et servez.

PÂTES, RIZ ET CURRYS

NOUILLES À LA SAUCE
AUX HARICOTS

POUR 4 PERSONNES

Préparation : 10 min
Cuisson : 20 min

375 g de nouilles fines fraîches aux œufs
250 g de pousses de bambou égouttées et émincées
3 ciboules
sel

POUR LA SAUCE

1 c. à soupe de haricots noirs fermentés bien rincés
1 c. à café d'huile d'olive
1 c. à café d'huile de sésame
4 gousses d'ail écrasées
1 c. à soupe de gingembre râpé
2 c. à soupe de sauce hoisin
1 c. à soupe de sauce aux haricots noirs
1 c. à soupe de sucre
12,5 cl de bouillon de légumes

1. Portez à ébullition une grande casserole d'eau salée et faites cuire les nouilles, jusqu'à ce qu'elles soient tendres. Égouttez-les. Coupez les pousses de bambou en morceaux et les ciboules en biseau

2. Préparez la sauce. Dans un wok, faites chauffer les huiles, ajoutez l'ail et le gingembre, puis faites cuire 2 min à feu doux, en remuant. Hachez les haricots noirs, ajoutez-les et laissez cuire 2 min, toujours en remuant.

3. Ajoutez les sauces hoisin et aux haricots noirs, le sucre et le bouillon. Laissez mijoter 5 min, jusqu'à ce que la sauce ait légèrement réduit et épaissi.

4. Ajoutez dans la sauce les nouilles, les pousses de bambou et les ciboules, puis remuez jusqu'à ce que tous les ingrédients soient chauds et bien mélangés. Servez immédiatement.

PÂTES, RIZ ET CURRYS

GNOCCHIS D'ÉPINARDS
À LA RICOTTA

POUR 4 À 6 PERSONNES

Préparation : 25 min
Réfrigération : 1 h
Cuisson : 15 min

500 g d'épinards surgelés
250 g de ricotta
4 tranches de pain
12,5 cl de lait
2 œufs
50 g de parmesan râpé
un peu de beurre
un peu de parmesan en copeaux
sel et poivre

1. Ôtez la croûte du pain. Versez le lait dans un saladier, puis plongez-y la mie. Laissez-la tremper 10 min, puis pressez-la pour éliminer l'excédent de lait. Pressez également les épinards décongelés pour en retirer le maximum d'eau.

2. Dans un autre saladier, réunissez la mie de pain, les épinards, la ricotta, les œufs et le parmesan râpé. Assaisonnez, puis mélangez le tout à la fourchette. Couvrez et réservez 1 h au frais.

3. Avec les mains farinées, façonnez des gnocchis en prélevant des cuillerées à café bombées de préparation. Portez à ébullition une grande casserole d'eau salée et faites-les cuire 2 min, jusqu'à ce qu'ils remontent à la surface, en procédant en plusieurs fois.

4. Répartissez-les dans les assiettes, puis arrosez-les de beurre fondu, garnissez de copeaux de parmesan et servez.

PÂTES, RIZ ET CURRYS

GNOCCHIS DE POTIRON À LA SAUGE

POUR 4 PERSONNES

Préparation : 45 min
Cuisson : 1 h 30

500 g de potiron avec l'écorce,
coupé en gros morceaux
185 g de farine
50 g de parmesan râpé
1 œuf battu
100 g de beurre
2 c. à soupe de sauge hachée
+ quelques feuilles
sel et poivre

1. Déposez le potiron sur une plaque huilée et enfournez pour 1 h 15 à 160 °C, jusqu'à ce qu'il soit tendre. Laissez refroidir, puis détachez la chair de l'écorce et déposez-la dans un grand saladier.

2. Tamisez la farine dans le saladier, puis ajoutez la moitié du parmesan, l'œuf et poivrez. Mélangez bien, puis pétrissez 2 min sur le plan de travail fariné, jusqu'à obtenir une pâte lisse.

3. Divisez la pâte en 2 parts. Avec les mains farinées, roulez chaque part pour obtenir des boudins de 40 cm de long. Coupez-les en 16 morceaux et donnez-leur une forme ovale. Striez-en la surface en appuyant dessus les dents d'une fourchette farinée.

4. Portez à ébullition une grande casserole d'eau salée et faites cuire les gnocchis 2 min, jusqu'à ce qu'ils remontent à la surface, en procédant en plusieurs fois si nécessaire. Égouttez et réservez au chaud.

5. Dans une petite poêle, faites fondre le beurre, puis ôtez du feu et incorporez la sauge. Répartissez les gnocchis dans des assiettes creuses et nappez-les de beurre à la sauge. Saupoudrez du parmesan restant, décorez de feuilles de sauge et servez.

PÂTES, RIZ ET CURRYS

PILAF VERT AUX NOIX
DE CAJOU

POUR 6 PERSONNES

Préparation : 15 min
Cuisson : 1 h 10

300 g de riz brun
200 g de pousses d'épinards
100 g de noix de cajou grossièrement hachées
6 ciboules hachées
2 gousses d'ail finement hachées
1 c. à café de graines de fenouil
2 c. à soupe d'huile d'olive
2 c. à soupe de jus de citron
60 cl de bouillon de légumes
3 c. à soupe de menthe hachée
3 c. à soupe de persil haché
sel et poivre

1. Coupez les épinards en morceaux de 1 cm de long. Étalez les noix de cajou sur une plaque et faites-les dorer 5 à 10 min sous le gril du four (surveillez la cuisson pour éviter qu'elles ne brûlent).

2. Dans une grande poêle à feu moyen, faites chauffer l'huile, puis faites revenir les ciboules 2 min, jusqu'à ce qu'elles soient tendres. Ajoutez l'ail et les graines de fenouil, puis laissez cuire 1 min, jusqu'à ce qu'ils embaument.

3. Ajoutez le riz, mélangez et faites revenir à feu vif. Versez le jus de citron, le bouillon et 1 c. à café de sel, puis portez à ébullition. Ramenez à feu doux, couvrez et laissez mijoter 45 min à couvert, jusqu'à ce que le riz soit tendre et ait absorbé le bouillon.

4. Ôtez du feu et parsemez de morceaux d'épinards et de fines herbes. Laissez reposer 10 min à couvert, puis mélangez à la fourchette. Assaisonnez, parsemez de noix de cajou et servez.

PÂTES, RIZ ET CURRYS

RIZ AUX HARICOTS
JAMAÏCAIN

POUR 4 À 6 PERSONNES

Préparation : 5 min
Cuisson : 35 min

400 g de riz
400 g de haricots rouges
en conserve égouttés
50 cl de lait de coco
4 ciboules écrasées
1 petit piment rouge
4 gousses d'ail écrasées
2 c. à café de thym
finement haché
1 grosse pincée de piment
de la Jamaïque
sel et poivre

1 Mélangez tous les ingrédients dans une grande casserole, puis recouvrez-les largement d'eau. Portez à ébullition à feu moyen, couvrez, puis laissez mijoter à feu doux 25 min, jusqu'à ce que le riz soit tendre et ait absorbé le liquide.

2 Ôtez les ciboules et le piment, puis assaisonnez généreusement et servez.

PÂTES, RIZ ET CURRYS

PILAF PETITS POIS
ET OIGNONS

POUR 6 PERSONNES

Préparation : 5 min
Cuisson : 30 min

400 g de riz basmati
250 g de petits pois
3 oignons hachés
2 gousses d'ail écrasées
60 g de beurre
1,25 l de bouillon de légumes
50 g de parmesan râpé
30 g de persil haché

1. Dans une grande casserole, faites fondre le beurre, ajoutez les oignons et l'ail, puis faites cuire 5 min à feu doux, en remuant, jusqu'à ce qu'ils soient tendres et dorés. Ajoutez le riz et le bouillon, portez à ébullition et mélangez brièvement le tout. Baissez le feu et laissez mijoter 5 min à découvert, jusqu'à ce que presque tout le liquide ait été absorbé.

2. Ajoutez les petits pois et remuez. Couvrez et prolongez la cuisson de 10 min à feu très doux, jusqu'à ce que le riz soit tendre. Incorporez le parmesan et le persil, puis servez.

PÂTES, RIZ ET CURRYS

RIZ INDONÉSIEN
À LA NOIX DE COCO

POUR 4 PERSONNES

Préparation : 15 min
Cuisson : 20 min

500 g de riz
25 cl de lait de coco
1 c. à soupe de noix de coco coupée en lamelles
80 g de cacahuètes hachées
2 ciboules finement émincées
10 cm de blanc de citronnelle écrasé
8 feuilles de curry
1 c. à soupe d'huile végétale
1 c. à café de cumin en poudre
1/2 c. à café de cardamome en poudre
1/2 c. à café de curcuma

1 Dans un wok, faites chauffer l'huile et faites revenir les cacahuètes, en remuant souvent, jusqu'à ce qu'elles soient brun doré. Ajoutez la noix de coco et remuez jusqu'à ce qu'elle fonce légèrement et qu'elle embaume.

2 Versez le lait de coco et 50 cl d'eau dans le wok. Ajoutez les ciboules, la citronnelle et les feuilles de curry, puis portez à ébullition. Baissez le feu et laissez mijoter 2 min. Saupoudrez avec les épices, puis portez de nouveau à ébullition. Ôtez la citronnelle, ajoutez le riz et laissez-le cuire, jusqu'à ce que la vapeur en crève la surface de petits cratères.

3 Couvrez, baissez le feu et prolongez la cuisson de 10 min à feu très doux. Soulevez le couvercle, vérifiez que le riz est cuit et, si nécessaire, couvrez de nouveau et continuez de cuire.

PÂTES, RIZ ET CURRYS

PILAF DE RIZ SAUVAGE
AUX CHAMPIGNONS

POUR 4 PERSONNES

Préparation : 20 min
Cuisson : 45 min

125 g de riz sauvage
265 g de riz blanc
300 g de champignons mélangés
(champignons de Paris,
rosés-des-prés…)
1 gros oignon
2 gousses d'ail écrasées
60 g de beurre
40 cl de bouillon de légumes
1 1/2 c. à soupe de thym haché
1 feuille de laurier
2 c. à soupe de persil haché
1 poignée de pignons grillés
sel et poivre

1 Rincez le riz sauvage, puis faites-le cuire 25 min dans une casserole d'eau bouillante, jusqu'à ce qu'il soit presque tendre.

2 Pendant ce temps, hachez finement l'oignon et émincez les champignons. Dans une grande poêle, faites fondre le beurre, ajoutez l'oignon et l'ail, puis faites cuire, jusqu'à ce que l'oignon soit tendre, mais pas encore bruni. Ajoutez le riz blanc et mélangez pour l'enrober de beurre. Ajoutez les champignons.

3 Un peu avant la fin de la cuisson, portez le bouillon à ébullition avec 40 cl d'eau. Baissez le feu et laissez frémir.

4 Égouttez le riz sauvage et ajoutez-le dans la poêle avec le bouillon, le thym et le laurier. Portez à ébullition tout en remuant, puis baissez le feu, couvrez et laissez mijoter 15 min, jusqu'à ce que le riz soit tendre et ait absorbé le bouillon.

5 Ôtez du feu et laissez reposer 5 min. Retirez le laurier. Assaisonnez, ajoutez le persil et égrainez le riz à la fourchette. Parsemez de pignons et servez.

PÂTES, RIZ ET CURRYS

BOULETTES
DE RISOTTO

POUR 6 PERSONNES

Préparation : 30 min
Cuisson : 50 min
Réfrigération : 1 h 15

275 g de riz rond
30 g de tomates séchées
30 g de mozzarella
1 petit oignon
80 cl de bouillon de légumes
1 c. à soupe d'huile d'olive
20 g de beurre
35 g de parmesan râpé
70 g de feuilles de salades mélangées
huile pour la friture

1 Hachez finement l'oignon, puis les tomates séchées. Coupez la mozzarella en dés de 1 cm de côté. Dans une petite casserole, portez à ébullition le bouillon, puis baissez le feu, couvrez et laissez frémir.

2 Dans une autre casserole, faites chauffer l'huile et le beurre, ajoutez l'oignon et faites-les dorer 3 min à feu moyen. Incorporez le riz, baissez le feu et laissez revenir 3 min. Versez un quart du bouillon et faites cuire 5 min en remuant, jusqu'à ce que le liquide soit absorbé. Répétez l'opération, jusqu'à ce que tout le bouillon soit incorporé et que le riz soit presque tendre. Ajoutez le parmesan. Transvasez dans un saladier et laissez refroidir 1 h au frais.

3 Avec les mains mouillées, prélevez 2 c. à soupe de riz et façonnez une boulette. Pratiquez une incision dedans, glissez un dé de mozzarella et 2 morceaux de tomates séchées, puis refermez la boulette et aplatissez-la légèrement. Répétez l'opération et réservez 15 min au frais.

4 Remplissez au tiers d'huile une poêle profonde et faites-la chauffer à 180 °C. Déposez les boulettes et laissez cuire 1 ou 2 min, jusqu'à ce qu'elles soient dorées. Égouttez-les. Servez avec les feuilles de salade.

PÂTES, RIZ ET CURRYS

DHAL DE LENTILLES CORAIL

POUR 4 À 6 PERSONNES

Préparation : 15 min
Cuisson : 1 h

250 g de lentilles corail
4 cm de gingembre coupé en trois
1/2 c. à café de curcuma
1/2 c. à café de sel
1 oignon finement haché
2 gousses d'ail écrasées
3 c. à soupe d'huile végétale
1 c. à café de graines de cumin
1 c. à café de coriandre en poudre
1 pincée de piment de Cayenne
1 c. à soupe de coriandre hachée

1. Placez les lentilles dans une casserole, couvrez-les de 1 l d'eau, puis portez à ébullition à feu moyen. Réduisez le feu, ajoutez le gingembre et le curcuma, puis laissez mijoter 1 h, à couvert, jusqu'à ce que les lentilles soient tendres. Remuez toutes les 5 min durant la dernière demi-heure de cuisson, afin d'éviter qu'elles n'accrochent. Retirez le gingembre et salez.

2. Pendant la cuisson des lentilles, faites chauffer l'huile dans une poêle, ajoutez l'oignon et l'ail, puis faites-les dorer 3 min à feu moyen. Ajoutez les épices et laissez cuire 2 min.

3. Incorporez le contenu de la poêle aux lentilles, puis parsemez coriandre. Remuez délicatement et servez sans attendre.

PÂTES, RIZ ET CURRYS

PHAD THAÏ

POUR 4 PERSONNES

Préparation : 30 min
Cuisson : 5 min

400 g de nouilles de riz plates
1 petit poivron rouge
6 ciboules
100 g de tofu ferme
1 oignon
2 gousses d'ail écrasées
2 c. à soupe d'huile d'arachide
2 œufs légèrement battus
25 g de coriandre hachée
90 g de germes de soja
40 g de cacahuètes hachées et grillées

POUR LA SAUCE

4 c. à soupe de sauce soja
2 c. à soupe de jus de citron vert
1 c. à soupe de cassonade
2 c. à café de pâte de piment indonésienne

1. Faites tremper les nouilles dans de l'eau chaude 15 min, jusqu'à ce qu'elles soient tendres. Égouttez.

2. Coupez le poivron en deux, puis en lanières. Émincez les ciboules en biseau. Coupez le tofu en dés, puis en lamelles de 5 mm de large et l'oignon en fines tranches.

3. Préparez la sauce en mélangeant tous les ingrédients dans un bol.

4. Dans un wok à feu vif, faites chauffer la moitié de l'huile et faites cuire les œufs 30 sec, de manière à obtenir une omelette fine. Roulez-la et coupez-la en lanières.

5. Dans le wok à feu vif, faites chauffer le reste de l'huile, ajoutez l'oignon, l'ail et le poivron, puis faites cuire 2 ou 3 min, jusqu'à ce que l'oignon soit tendre. Ajoutez les nouilles et remuez. Incorporez les lanières d'omelette, la ciboule, le tofu et la moitié de la coriandre. Ajoutez la sauce et mélangez pour en enrober les nouilles.

6. Parsemez de germes de soja, ajoutez les cacahuètes et le reste de la coriandre, puis servez immédiatement.

PÂTES, RIZ ET CURRYS

CURRY DE POMMES DE TERRE

POUR 4 PERSONNES

Préparation : 10 min
Cuisson : 20 min

4 grosses pommes de terre
1 c. à soupe d'huile végétale
2 c. à café de graines
de moutarde
1 c. à café de graines de cumin
1 c. à café de graines de coriandre
2 c. à soupe de graines de sésame
1/2 c. à café de curcuma
1 c. à café de piment rouge
épépiné et haché
2 c. à soupe de jus de citron
2 c. à café de zeste de citron
finement râpé
sel et poivre

1. Faites cuire les pommes de terre à l'eau ou à la vapeur, jusqu'à ce qu'elles soient tendres. Laissez-les refroidir, puis pelez-les et coupez-les en morceaux.

2. Dans une grande poêle, faites chauffer l'huile à feu moyen, ajoutez les graines de moutarde, de cumin et de coriandre, puis faites-les revenir 1 min, en remuant sans cesse.

3. Versez les graines de sésame, puis laissez cuire 1 ou 2 min, en remuant, jusqu'à ce qu'elles soient dorées. Incorporez le curcuma, le piment, les pommes de terre, le jus et le zeste de citron, puis remuez jusqu'à ce que tout soit chaud. Assaisonnez.

PÂTES, RIZ ET CURRYS

CURRY DE PETITS POIS
AUX ŒUFS

POUR 4 PERSONNES

Préparation : 15 min
Cuisson : 30 min

80 g de petits pois surgelés
4 œufs durs
2 petits oignons
25 g de ricotta
125 g de tomates concassées en conserve
1/2 c. à café de curcuma
3 c. à soupe d'huile végétale
1 feuille de laurier
1 c. à café d'ail finement haché
1 1/2 c. à café de coriandre en poudre
1 1/2 c. à café de garam masala
1/2 c. à café de piment de Cayenne (facultatif)
1 c. à soupe de purée de tomate
1 c. à soupe de yaourt nature
2 c. à soupe de coriandre finement hachée
sel

1 Écalez les œufs durs et enrobez-les de curcuma. Hachez les oignons et coupez la ricotta en dés de 2 cm de côté.

2 Dans une grande casserole à feu moyen, faites fondre l'huile et faites revenir les œufs, en remuant sans cesse, jusqu'à ce qu'ils soient brun clair, puis réservez-les.

3 Ajoutez dans la casserole le laurier, l'ail et les oignons, puis laissez cuire à feu moyen, en remuant souvent, jusqu'à ce que le mélange ait bien réduit et soit légèrement doré (baissez le feu s'il colore trop vite). Ajoutez les épices, puis prolongez la cuisson, jusqu'à ce qu'elles développent leurs arômes.

4 Incorporez les tomates, la purée de tomate et 12,5 cl d'eau, puis couvrez et laissez mijoter 5 min. Remettez les œufs dans la casserole, ajoutez la ricotta, le yaourt et les petits pois, salez. Laissez cuire 5 min.

5 Ôtez le laurier, parsemez de coriandre et servez.

PÂTES, RIZ ET CURRYS

CURRY
DE POIS CHICHES

POUR 4 PERSONNES

Préparation : 5 min
Cuisson : 40 min

880 g de pois chiches
en conserve égouttés
440 g de tomates concassées
en conserve
2 oignons
4 gousses d'ail écrasées
1 c. à soupe d'huile végétale
1 c. à café de piment de Cayenne
1 c. à café de curcuma
1 c. à café de paprika
1 c. à soupe de cumin en poudre
1 c. à soupe de coriandre
en poudre
1 c. à café de sel
1 c. à café de garam masala

1. Émincez les oignons. Dans une poêle, faites chauffer l'huile, ajoutez les oignons et l'ail, puis laissez cuire à feu moyen, en remuant, jusqu'à ce qu'ils soient tendres.

2. Ajoutez les épices, le sel et faites cuire 1 min, en remuant.

3. Versez les pois chiches et les tomates dans la poêle, couvrez, puis laissez mijoter 20 min à feu doux, en remuant de temps en temps. Saupoudrez de garam masala et prolongez la cuisson de 10 min à couvert.

PÂTES, RIZ ET CURRYS

CURRY DE LÉGUMES
AU PIMENT

POUR 4 À 6 PERSONNES

Préparation : 30 min
Cuisson : 1 h

250 g de patates douces
2 aubergines longues et fines
1 grosse carotte
250 g de chou-fleur
250 g de brocoli
400 g de tomates concassées en conserve
400 g de pois chiches en conserve égouttés
150 g de petits pois frais ou surgelés
1 oignon rouge émincé
3 gousses d'ail pilées
1 piment rouge ou vert épépiné et haché
2 c. à soupe de pâte de curry
1 c. à café de cumin en poudre
1/2 c. à café de curcuma
25 cl de bouillon de légumes
15 cl de lait de coco
1 petite poignée de coriandre

1 Coupez les patates douces, les aubergines et la carotte en tranches ou en rondelles de 3 cm d'épaisseur, en biseau. Détaillez les choux en bouquets.

2 Réunissez le tout dans une cocotte avec les tomates, les pois chiches, l'oignon, l'ail, le piment, la pâte de curry, le cumin, le curcuma et le bouillon. Faites mijoter 50 min.

3 Ajoutez les petits pois, versez le lait de coco et prolongez la cuisson de 10 min.

4 Servez le curry, parsemé de coriandre, dans des assiettes creuses et accompagné de riz.

PÂTES, RIZ ET CURRYS

CURRY JAUNE
DE LÉGUMES

POUR 4 PERSONNES

Préparation : 30 min
Cuisson : 3 h

100 g de chou-fleur
1 aubergine longue et fine
1 petit poivron rouge
2 petites courgettes
150 g de haricots verts
150 g de petits épis de maïs
1 ou 2 c. à soupe de pâte de curry jaune
50 cl de crème de coco
10 cl de bouillon de légumes
1 ½ c. à soupe de nuoc-mâm
2 c. à café de cassonade
1 petit piment rouge épépiné et haché
quelques feuilles de coriandre

1. Détaillez le chou-fleur en bouquets, puis coupez l'aubergine, le poivron et les courgettes en rondelles de 1 cm d'épaisseur. Coupez les haricots verts en tronçons de 3 cm de long.

2. Mettez le chou-fleur, l'aubergine et le poivron dans une mijoteuse avec la pâte de curry, la crème de coco et le bouillon. Laissez mijoter 2 h à chaleur douce.

3. Ajoutez les courgettes, les haricots verts, le maïs, le nuoc-mâm et la cassonade, puis poursuivez la cuisson 1 h.

4. Servez le curry parsemé de piment et de coriandre, et accompagné de riz.

PÂTES, RIZ ET CURRYS

CURRY DE PATATE DOUCE
ET D'AUBERGINE

POUR 4 À 6 PERSONNES

Préparation : 15 min
Cuisson : 25 min

1 patate douce
1 aubergine
1 oignon haché
1 c. à soupe d'huile végétale
1 ou 2 c. à soupe de pâte de curry vert
40 cl de lait de coco
25 cl de bouillon de légumes
10 feuilles de kaffir
2 c. à café de cassonade
2 c. à soupe de jus de citron vert
2 c. à café de zeste de citron vert
quelques feuilles de coriandre
sel

1. Détaillez la patate douce en dés, puis coupez l'aubergine en quatre, puis en tranches.

2. Dans un grand wok à feu moyen, faites chauffer l'huile, ajoutez l'oignon et la pâte de curry, puis faites cuire 3 min à feu moyen, en remuant. Incorporez l'aubergine et laissez cuire 4 ou 5 min, jusqu'à ce qu'elle soit tendre.

3. Versez le lait de coco et le bouillon, portez à ébullition, puis baissez le feu et laissez mijoter 5 min. Ajoutez 6 feuilles de kaffir et la patate douce, puis laissez cuire 10 min, en remuant de temps en temps, jusqu'à ce que les légumes soient très tendres.

4. Incorporez la cassonade, le jus et le zeste de citron vert. Salez. Garnissez avec de la coriandre et les feuilles de kaffir restantes.

LÉGUMES SAUTÉS, RÔTIS ET MIJOTÉS

Brocoli chinois au tamarin	**144**
Tian de légumes	**146**
Oignons aigres-doux	**148**
Pommes de terre sautées	**150**
Crumble de légumes d'hiver	**152**
Rösti de patates douces	**154**
Gratin de poireaux	**156**
Ragoût de haricots de Lima	**158**

Tofu aigre-doux	**160**
Galette de pommes de terre	**162**
Rôti de champignons et de noix	**164**
Épinards sautés à la thaïe	**166**
Ragoût de légumes	**168**
Sauté de brocoli aux amandes	**170**
Légumes en cocotte	**172**
Tofu aux haricots noirs	**174**

LÉGUMES SAUTÉS, RÔTIS ET MIJOTÉS

BROCOLI CHINOIS
AU TAMARIN

POUR 4 PERSONNES

Préparation : 10 min
Cuisson : 5 min

600 g de brocoli chinois
équeuté et coupé en deux
dans la largeur
40 g de pulpe de tamarin
1 c. à soupe d'huile d'arachide
1 petit piment rouge épépiné
et finement haché
2 gousses d'ail finement émincées
3 c. à café de gingembre râpé
1 c. à soupe de sucre
1 c. à soupe de jus de citron vert
1 c. à café d'huile de sésame
1 c. à soupe de cacahuètes
non salées finement hachées
et grillées

1 Délayez la pulpe de tamarin dans un bol avec 4 c. à soupe d'eau bouillante. Laissez reposer 5 min, puis égouttez et jetez les résidus solides.

2 Dans un wok, faites chauffer l'huile d'arachide, puis faites frire le brocoli 2 ou 3 min, jusqu'à ce qu'il tombe. Ajoutez le piment, l'ail et le gingembre, prolongez la cuisson de 1 min, puis versez le sucre, le jus de citron vert et 1 c. à soupe de pulpe de tamarin délayée. Laissez mijoter encore 1 min.

3 Transvasez le tout dans un plat, arrosez d'huile de sésame, parsemez de cacahuètes grillées et servez.

LÉGUMES SAUTÉS, RÔTIS ET MIJOTÉS

TIAN
DE LÉGUMES

POUR 6 À 8 PERSONNES

Préparation : 40 min
Cuisson : 1 h 20

1 kg de poivrons rouges épépinés et sans membranes blanches
800 g de bettes effeuillées et les cardes coupées en tronçons
750 g de tomates pelées, épépinées et coupées en dés + 3 coupées en rondelles
1 grosse aubergine coupée en rondelles de 1 cm d'épaisseur
5 petites courgettes (environ 500 g) coupées en tranches
1 oignon émincé
2 gousses d'ail
12,5 cl d'huile d'olive
2 c. à soupe de pignons
un peu de muscade râpée
2 c. à café de thym haché
1 c. à soupe de chapelure fraîche
30 g de parmesan râpé
30 g de beurre
sel et poivre

1. Placez les poivrons sous le gril du four, la peau vers le haut, jusqu'à ce qu'elle noircisse et cloque. Laissez refroidir dans un sac en plastique. Coupez-les en lanières de 3 x 8 cm et mettez-les dans un plat huilé de 5 x 20 x 25 cm. Salez et poivrez.

2. Faites chauffer 2 c. à soupe d'huile dans une poêle et faites cuire les cardes à feu moyen 8 à 10 min, jusqu'à ce qu'elles soient tendres. Ajoutez les pignons, du sel, du poivre et de la muscade. Posez les cardes sur le poivron.

3. Ajoutez 1 c. à soupe d'huile dans la poêle et faites cuire l'oignon à feu moyen 7 ou 8 min, puis l'ail, le thym et laissez cuire 1 min. Mettez les dés de tomate et portez à ébullition. Baissez le feu et laissez mijoter 10 min. Versez sur les cardes.

4. Faites chauffer le reste d'huile dans la poêle et mettez l'aubergine à revenir à feu vif 8 à 10 min. Égouttez sur du papier absorbant et posez-les sur une seule couche dans le plat. Salez et poivrez.

5. Alternez les tomates en rondelles et les courgettes sur le dessus. Saupoudrez de chapelure et de parmesan, parsemez de beurre. Enfournez pour 25 à 30 min à 180 °C. Servez chaud.

LÉGUMES SAUTÉS, RÔTIS ET MIJOTÉS

OIGNONS
AIGRES-DOUX

POUR 4 À 6 PERSONNES

Préparation : 10 min
Cuisson : 40 min

3 oignons rouges (environ 500 g)
2 c. à soupe de moutarde à l'ancienne
2 c. à soupe de miel
2 c. à soupe de vinaigre
2 c. à soupe d'huile végétale

1 Pelez les oignons, puis coupez-les en huit en les laissant attachés par la base. Déposez-les dans une cocotte.

2 Dans un bol, mélangez la moutarde, le miel, le vinaigre et l'huile, puis avec un pinceau, enduisez les tranches d'oignon de cette préparation. Couvrez et enfournez pour 20 min à 220 °C, puis ôtez le couvercle et faites cuire 15 à 20 min, jusqu'à ce que les oignons soient tendres et caramélisés.

LÉGUMES SAUTÉS, RÔTIS ET MIJOTÉS

POMMES DE TERRE
SAUTÉES

POUR 4 À 6 PERSONNES

Préparation : 15 min
Cuisson : 35 min

750 g de petites pommes de terre nouvelles avec la peau
2 gousses d'ail écrasées
2 c. à soupe d'huile d'olive
30 g de beurre
1 c. à soupe de romarin finement haché
1 c. à café de fleur de sel
1 c. à café de poivre concassé

1. Lavez les pommes de terre, puis essuyez-les avec du papier absorbant et coupez-les en deux. Faites cuire les pommes de terre à l'eau ou à la vapeur, jusqu'à ce qu'elles soient juste tendres, puis égouttez-les et laissez-les légèrement refroidir.

2. Dans une grande poêle, faites chauffer l'huile et le beurre, jusqu'à ce que le mélange mousse. Ajoutez les pommes de terre et faites sauter 5 à 10 min à feu moyen, en remuant régulièrement, jusqu'à ce qu'elles soient uniformément dorées et croustillantes.

3. Ajoutez l'ail, le romarin et la fleur de sel dans la poêle, puis laissez cuire 1 min pour que les pommes de terre soient enrobées de romarin. Saupoudrez de poivre concassé, mélangez bien et servez chaud.

LÉGUMES SAUTÉS, RÔTIS ET MIJOTÉS

CRUMBLE DE LÉGUMES
D'HIVER

POUR 4 PERSONNES

Préparation : 15 min
Cuisson : 40 min

200 g de potiron
2 pommes de terre
1 panais
80 g de chapelure fraîche
100 g de noix de cajou grossièrement hachées et grillées
30 g de beurre
un peu de cresson

POUR LA BÉCHAMEL

30 g de beurre
1 c. à soupe de farine
40 cl de lait
un peu de muscade râpée
sel et poivre

1 Coupez le potiron en gros dés, puis les pommes de terre et le panais en morceaux plus petits. Faites-les cuire 8 min dans une grande casserole d'eau bouillante, jusqu'à ce qu'ils soient tendres. Égouttez les légumes, puis étalez-les dans un grand plat creux.

2 Préparez la béchamel. Dans une casserole à feu doux, faites fondre le beurre, ajoutez la farine et laissez cuire 1 min, en remuant sans cesse. Ôtez du feu et versez lentement le lait, puis remettez sur le feu et portez à ébullition, tout en remuant, jusqu'à ce que la sauce épaississe. Laissez bouillir 1 min. Ajoutez de la muscade et assaisonnez. Versez la béchamel dans le plat sur les légumes.

3 Dans un bol, mélangez la chapelure et les noix de cajou grillées, puis saupoudrez-en le plat. Parsemez de petits morceaux de beurre et enfournez pour 30 min à 180 °C, jusqu'à ce que le crumble soit doré. Garnissez de cresson avant de servir.

LÉGUMES SAUTÉS, RÔTIS ET MIJOTÉS

RÖSTI DE PATATES
DOUCES

POUR 30 RÖSTI

Préparation : 20 min
Cuisson : 45 min

3 patates douces avec la peau
150 g de mozzarella coupée en 30 dés
2 c. à café de fécule de maïs
1/2 c. à café de sel
40 g de beurre

1. Faites cuire les patates douces à l'eau ou au micro-ondes, jusqu'à ce qu'elles soient tendres, mais encore fermes. Laissez-les refroidir, puis pelez-les et râpez-les grossièrement dans un saladier. Ajoutez la fécule et le sel, puis mélangez.

2. Dans une poêle, faites fondre un peu de beurre et déposez des cuillerées à café bombées de la préparation. Placez un dé de mozzarella au centre de chaque tas, recouvrez-le d'une autre cuillerée de préparation et aplatissez délicatement le tout de manière à former des petites galettes.

3. Augmentez le feu et faites cuire 3 min de chaque côté à feu moyen, jusqu'à ce que les rösti soient dorés. Répétez l'opération avec le reste de la préparation et de la mozzarella.

LÉGUMES SAUTÉS, RÔTIS ET MIJOTÉS

GRATIN
DE POIREAUX

POUR 6 PERSONNES

Préparation : 15 min
Cuisson : 15 min

2 blancs de poireau
30 g de beurre
2 c. à soupe de cheddar râpé
1 c. à soupe de chapelure

POUR LA BÉCHAMEL
20 g de beurre
1 c. à soupe de farine
25 cl de lait

1. Lavez bien les poireaux, coupez-les en deux dans la longueur, puis en tronçons de 5 cm de long.

2. Dans une casserole, faites chauffer le beurre, puis faites cuire les poireaux 10 min, en remuant, jusqu'à ce qu'ils soient tendres. Transvasez dans un plat.

3. Préparez la béchamel. Dans une poêle à feu doux, faites fondre le beurre, puis incorporez la farine et laissez cuire 1 min, jusqu'à ce que le mélange mousse. Ôtez du feu, versez lentement le lait et remettez à cuire en remuant, jusqu'à ce que la béchamel bouille et épaississe.

4. Versez la béchamel sur les poireaux, saupoudrez de cheddar et de chapelure, puis faites gratiner sous le gril du four, jusqu'à ce que la surface du gratin soit brun doré.

LÉGUMES SAUTÉS, RÔTIS ET MIJOTÉS

RAGOÛT DE HARICOTS
DE LIMA

POUR 6 À 8 PERSONNES

Préparation : 10 min
Trempage : 12 h
Cuisson : 1 h 50

185 g de haricots de Lima secs
400 g de tomates concassées en conserve
1 petite carotte
1 petite branche de céleri
1 gros oignon
1 gousse d'ail
4 c. à soupe d'huile d'olive
+ 1 filet pour servir
1 c. à soupe de purée de tomate
2 c. à café d'aneth ciselé
sel et poivre

1 La veille, mettez à tremper les haricots dans de l'eau froide.

2 Le jour même, égouttez les haricots et faites-les cuire 45 min à 1 h à feu moyen, en couvrant partiellement, jusqu'à ce qu'ils soient tendres, mais sans s'écraser. Égouttez.

3 Pendant la cuisson des haricots, coupez l'oignon en tranches. Hachez l'ail, la carotte et le céleri. Dans une cocotte de 2,5 l allant au four, faites chauffer l'huile, ajoutez le tout, puis faites cuire 5 min à feu moyen, jusqu'à ce que l'oignon soit translucide. Incorporez les tomates, la purée de tomate et 12,5 cl d'eau. Portez à ébullition, puis baissez le feu et laissez mijoter 3 min.

4 Ajoutez les haricots et l'aneth, puis assaisonnez. Amenez de nouveau à ébullition, couvrez et enfournez pour 50 min, jusqu'à ce que la sauce soit épaisse et les haricots très tendres.

5 Servez le ragoût chaud ou à température ambiante, arrosé d'huile.

LÉGUMES SAUTÉS, RÔTIS ET MIJOTÉS

TOFU
AIGRE-DOUX

POUR 4 PERSONNES

Préparation : 15 min
Cuisson : 20 min

600 g de tofu ferme
1 grosse carotte coupée en fins bâtonnets
185 g de germes de soja
100 g de haricots mange-tout coupés en deux, en biseau
100 g de champignons de Paris émincés
6 à 8 ciboules coupées en tranches, en biseau
4 ou 5 c. à soupe d'huile végétale
1 c. à soupe de fécule de maïs

POUR LA SAUCE

5 c. à soupe de vinaigre de riz
2 c. à soupe de sauce soja
1 1/2 c. à café de sucre
2 c. à soupe de sauce tomate
40 cl de bouillon de légumes

1. Préparez la sauce en mélangeant tous les ingrédients dans un bol.

2. Coupez le tofu en deux dans l'épaisseur, puis taillez-le en 16 triangles. Dans un wok à feu vif, faites chauffer 2 c. à soupe d'huile, puis faites sauter le tofu à feu moyen 2 min de chaque côté, jusqu'à ce qu'il soit croustillant et doré, en procédant en plusieurs fois si nécessaire. Égouttez sur du papier absorbant et réservez au chaud.

3. Essuyez le wok, puis faites-le chauffer à feu vif. Versez-y le reste de l'huile, ajoutez la carotte, les germes de soja, les haricots, les champignons et la ciboule, puis faites sauter 1 min, en remuant. Arrosez d'un peu de sauce et continuez de remuer 1 min. Incorporez la fécule délayée avec 2 c. à soupe d'eau, puis laissez cuire, jusqu'à ce que la sauce épaississe.

4. Répartissez le tofu dans des bols, nappez-le de sauce et servez avec du riz vapeur.

LÉGUMES SAUTÉS, RÔTIS ET MIJOTÉS

GALETTE DE POMMES
DE TERRE

POUR 4 À 6 PERSONNES

Préparation : 20 min
Cuisson : 1 h 05

8 pommes de terre à rôtir
200 g de chapelure
125 g de cheddar râpé
50 g de parmesan râpé
1 gousse d'ail écrasée
2 c. à soupe d'huile d'olive
30 g de beurre
+ pour badigeonner
1/2 c. à café de poivre

1. Badigeonnez de beurre fondu un moule à gâteau de 20 cm de diamètre, puis tapissez-le de papier sulfurisé.

2. Coupez les pommes de terre en rondelles. Dans une petite casserole, faites chauffer l'huile et le beurre, puis ajoutez l'ail, le poivre et mélangez. Dans un saladier, mélangez la chapelure avec les fromages.

3. Couvrez le fond du moule de rondelles de pomme de terre, en les faisant se chevaucher. Nappez-les d'un peu de beurre à l'ail, puis saupoudrez-les d'un peu de chapelure aux fromages. Répétez l'opération en alternant les couches, puis terminez par une couche de chapelure aux fromages. Appuyez pour bien tasser le tout, puis enfournez pour 1 h à 180 °C.

LÉGUMES SAUTÉS, RÔTIS ET MIJOTÉS

RÔTI DE CHAMPIGNONS ET DE NOIX

POUR 6 PERSONNES

Préparation : 30 min
Cuisson : 1 h

300 g de lactaires finement hachés
200 g de noix de cajou
200 g de noix du Brésil
125 g de cheddar râpé
25 g de parmesan râpé
1 gros oignon finement haché
2 gousses d'ail écrasées
2 c. à soupe d'huile d'olive
1 œuf légèrement battu
3 c. à soupe de ciboulette ciselée
80 g de chapelure fraîche
sel et poivre

POUR LA SAUCE TOMATE

400 g de tomates concassées en conserve
1 oignon finement haché
1 gousse d'ail écrasée
1 c. à soupe d'huile d'olive
1 c. à soupe de purée de tomate
1 c. à café de sucre

1. Graissez un moule à cake de 15 x 20 cm, puis tapissez-le de papier sulfurisé.

2. Dans une poêle, faites chauffer l'huile, ajoutez l'oignon, l'ail et les champignons, puis faites-les sauter, jusqu'à ce qu'ils soient tendres. Laissez refroidir.

3. Mettez les noix dans le bol d'un robot et hachez-les finement, mais sans les réduire en poudre.

4. Dans un saladier, réunissez les champignons, les noix, les fromages, l'œuf, 2 c. à soupe de ciboulette, la chapelure, puis mélangez et assaisonnez. Versez dans le moule et enfournez pour 45 min à 180 °C, jusqu'à ce que le rôti soit ferme. Laissez reposer 5 min, puis démoulez, garnissez du reste de la ciboulette et coupez en tranches.

5. Pendant la cuisson du rôti, préparez la sauce tomate. Dans une casserole, faites chauffer l'huile, ajoutez l'oignon et l'ail, puis faites cuire 5 min en remuant, jusqu'à ce qu'ils soient tendres, mais sans les laisser brunir. Incorporez les tomates, la purée de tomate, le sucre et 5 c. à soupe d'eau, puis laissez mijoter 3 à 5 min à feu doux, jusqu'à ce que la sauce épaississe légèrement. Assaisonnez, puis servez en accompagnement du rôti.

LÉGUMES SAUTÉS, RÔTIS ET MIJOTÉS

ÉPINARDS SAUTÉS
À LA THAÏE

POUR 4 PERSONNES

Préparation : 10 min
Cuisson : 2 min

500 g de jeunes pousses d'épinards coupées en morceaux de 3 cm de long
2 c. à soupe d'huile végétale

POUR LA SAUCE

4 gousses d'ail écrasées
2 piments verts épépinés et émincés
2 c. à soupe de nuoc-mâm
1 c. à soupe de sauce aux haricots noirs
2 c. à café de sucre

1 Préparez la sauce en mélangeant tous les ingrédients dans un bol.

2 Dans un wok à feu vif, faites chauffer l'huile, puis faites revenir les épinards 1 min, jusqu'à ce qu'ils commencent à fondre.

3 Incorporez la sauce et faites revenir 30 sec, jusqu'à ce que les épinards soient bien enrobés. Servez sans attendre.

LÉGUMES SAUTÉS, RÔTIS ET MIJOTÉS

RAGOÛT DE LÉGUMES

POUR 4 À 6 PERSONNES

Préparation : 20 min
Cuisson : 1 h 45

1 kg de tomates
1 gros poivron rouge
400 g de petites pommes de terre à rôtir
400 g de courgettes
2 oignons
2 gousses d'ail écrasées
4 c. à soupe d'huile d'olive
1 c. à café d'origan séché
2 c. à soupe de persil haché
2 c. à soupe d'aneth ciselé
1/2 c. à café de cannelle
sel et poivre

1 Entaillez en croix la base des tomates, puis placez-les dans un saladier et couvrez-les d'eau bouillante. Au bout de 30 sec, plongez les tomates dans de l'eau froide, puis égouttez-les et pelez-les. Coupez-les en deux, épépinez-les, puis hachez-les grossièrement.

2 Coupez le poivron en deux, puis en petits dés. Coupez les pommes de terre sans les peler, les courgettes et les oignons en rondelles épaisses.

3 Dans une poêle, faites chauffer 2 c. à soupe d'huile, puis faites revenir les oignons 10 min à feu moyen, en remuant souvent. Ajoutez l'ail et laissez cuire 2 min.

4 Dans un grand saladier, réunissez tous les autres ingrédients et assaisonnez généreusement. Incorporez le contenu de la poêle. Transvasez dans un grand plat et arrosez de l'huile restante.

5 Couvrez, puis enfournez pour 1 h à 1 h 30 à 180 °C, jusqu'à ce que les légumes soient tendres, en les remuant toutes les 30 min. Piquez la pointe d'un couteau dans une pomme de terre : si elle est cuite, la lame doit en ressortir facilement.

LÉGUMES SAUTÉS, RÔTIS ET MIJOTÉS

SAUTÉ DE BROCOLI
AUX AMANDES

POUR 4 PERSONNES

Préparation : 10 min
Cuisson : 5 min

500 g de brocoli en bouquets
2 c. à soupe d'amandes effilées
1 c. à café de graines de coriandre
1 c. à café de graines de sésame
4 c. à soupe d'huile d'olive
1 gousse d'ail écrasée
1 c. à café de gingembre haché
2 c. à soupe de vinaigre
1 c. à soupe de sauce soja
1 c. à café d'huile de sésame

1 Écrasez légèrement les graines de coriandre dans un mortier avec un pilon, ou avec un rouleau à pâtisserie.

2 Dans un wok, faites chauffer à sec les graines de sésame, en remuant sans cesse, jusqu'à ce qu'elles soient dorées. Réservez-les.

3 Faites chauffer l'huile d'olive dans le wok, ajoutez les graines de coriandre et les amandes, puis remuez rapidement 1 min à feu moyen, jusqu'à ce que les amandes soient dorées.

4 Ajoutez l'ail, le gingembre et le brocoli. Faites-les sauter 2 min à feu vif, en remuant, puis ôtez du feu.

5 Dans un bol, mélangez le vinaigre, la sauce soja et l'huile de sésame, puis versez le tout dans le wok. Remuez pour enrober le brocoli de sauce, puis servez immédiatement, parsemé de graines de sésame grillées.

LÉGUMES SAUTÉS, RÔTIS ET MIJOTÉS

LÉGUMES
EN COCOTTE

POUR 6 À 8 PERSONNES

Préparation : 30 min
Cuisson : 1 h 10

500 g de pommes de terre coupées en fines rondelles
500 g d'aubergines coupées en fines rondelles
500 g de poivrons verts coupés en cubes
25 cl d'huile d'olive
10 g de persil haché
sel et poivre

POUR LA SAUCE TOMATE

1 kg de tomates
1 oignon rouge haché
3 gousses d'ail écrasées
2 c. à soupe d'huile d'olive
2 c. à café de thym haché
sel et poivre

1. Préparez la sauce tomate. Placez les tomates 30 sec dans de l'eau bouillante, puis plongez-les dans de l'eau froide. Égouttez-les, pelez-les et hachez-les. Faites chauffer l'huile dans une poêle et faites cuire l'oignon et l'ail à feu doux 5 à 6 min. Ajoutez les tomates et le thym, puis laissez épaissir 20 min à feu moyen. Salez et poivrez.

2. Pendant ce temps, faites chauffer l'huile dans une poêle à feu doux et faites cuire les pommes de terre, jusqu'à ce qu'elles soient tendres sans être colorées. Procédez en plusieurs fois. Transvasez les pommes de terre dans une cocotte à l'aide d'une écumoire. Assaisonnez légèrement.

3. Augmentez le feu et faites dorer les aubergines 15 min, en les retournant à mi-cuisson. Égouttez-les sur du papier absorbant, puis posez-les sur les pommes de terre. Assaisonnez légèrement.

4. Faites cuire les poivrons dans la poêle, jusqu'à ce qu'ils soient tendres sans être colorés, en ajoutant un peu d'huile au besoin. Égouttez-les sur du papier absorbant, puis posez-les sur les aubergines. Salez et poivrez. Versez la sauce tomate sur les légumes, enfournez pour 20 min à 180 °C. Servez chaud, parsemé de persil.

LÉGUMES SAUTÉS, RÔTIS ET MIJOTÉS

TOFU
AUX HARICOTS NOIRS

POUR 4 PERSONNES

Préparation : 20 min
Cuisson : 15 min

450 g de tofu ferme
1 poivron rouge
300 g de chou chinois
4 ciboules
50 g de haricots noirs
en conserve égouttés
et finement hachés
2 gousses d'ail très
finement hachées
2 c. à café de gingembre haché
2 c. à soupe d'huile d'arachide

POUR LA SAUCE

5 c. à soupe de bouillon
de légumes
2 c. à café de fécule de maïs
2 c. à café de vin de riz
1 c. à café d'huile de sésame
1 c. à soupe de sauce soja
1 c. à café de sel
1 c. à café de poivre

1. Coupez le tofu et le poivron en dés de 2 cm de côté. Hachez le chou en morceaux de la même taille. Coupez les ciboules en biseau, partie verte comprise.

2. Préparez la sauce en mélangeant tous les ingrédients dans un saladier.

3. Dans un wok à feu moyen, faites chauffer l'huile, puis faites sauter la moitié du tofu 3 min, jusqu'à ce qu'il soit légèrement doré. Retirez-le à l'aide d'une écumoire et égouttez-le sur du papier absorbant. Répétez l'opération avec le tofu restant.

4. Faites sauter l'ail et le gingembre 30 sec dans le wok. Ajoutez les ciboules et les haricots noirs, puis faites de nouveau cuire 30 sec, en remuant. Ajoutez le poivron et faites-le revenir 1 min, puis mettez le chou et prolongez la cuisson de 2 min, en continuant de remuer.

5. Incorporez délicatement le tofu, puis versez la sauce et remuez délicatement 2 ou 3 min, jusqu'à ce qu'elle épaississe légèrement. Servez aussitôt, accompagné de riz vapeur.

DOUCEURS FRUITÉES

Tarte au citron	**178**
Mille-feuilles aux fraises	**180**
Truffes fruitées	**182**
Fondue au chocolat blanc et fruits	**184**
Bonbons à la confiture	**186**
Salade de fruits rouges	**188**
Feuilletés aux fruits rouges	**190**
Riz coco à la mangue	**192**
Charlotte Malakoff	**194**

Assiette de fruits exotiques	**196**
Cheesecake aux myrtilles	**198**
Crumble à la rhubarbe	**200**
Gâteau aux pommes épicé	**202**
Sabayon aux fruits	**204**
Fraises Romanov	**206**
Glace à la lavande	**208**
Sorbet à l'orange	**210**
Jus de pastèque au gingembre	**212**

DOUCEURS FRUITÉES

TARTE
AU CITRON

POUR 6 À 8 PERSONNES

Préparation : 1 h
Cuisson : 1 h

1 pâte sablée
2 petits citrons
140 g de sucre

POUR LA GARNITURE
3 œufs + 2 jaunes
175 g de sucre
12,5 cl de crème liquide
15 cl de jus de citron
1 c. à soupe de zeste de citron finement râpé

1. Graissez un moule à tarte de 21 cm de diamètre et de 2 cm de profondeur, à bord cannelé et amovible.

2. Étalez la pâte entre deux feuilles de papier sulfurisé. Tapissez-en le moule et ôtez l'excédent de pâte. Couvrez le fond de tarte de papier sulfurisé lesté de légumes secs et faites-le cuire à blanc 10 min au four à 200 °C. Retirez le papier avec les légumes secs, puis prolongez la cuisson de 6 à 8 min, jusqu'à ce que la pâte soit bien sèche. Laissez refroidir. Baissez la température du four à 150 °C.

3. Préparez la garniture. Mélangez les œufs et les jaunes avec le sucre, puis avec la crème et le jus de citron. Filtrez, puis ajoutez le zeste de citron. Versez la garniture dans le moule et enfournez pour 40 min.

4. Pendant la cuisson de la garniture, rincez les citrons, puis coupez-les sans les peler en rondelles de 2 mm d'épaisseur. Dans une petite poêle, faites chauffer le sucre avec 20 cl d'eau, jusqu'à ce qu'il soit dissous. Déposez les rondelles de citron dans le sirop et laissez mijoter 40 min à feu doux, jusqu'à ce que le zeste soit tendre et la chair transparente. Égouttez-les, puis disposez-les sur la garniture en cercles concentriques. Servez la tarte chaude ou froide.

DOUCEURS FRUITÉES

MILLE-FEUILLES
AUX FRAISES

POUR 6 À 8 PERSONNES

Préparation : 30 min
Cuisson : 1 h 30

600 g de pâte feuilletée
60 cl de crème fraîche liquide, très froide
500 g de petites fraises coupées en deux
70 g de myrtilles (facultatif)
sucre glace

1. Divisez la pâte feuilletée en 3 parts et étalez chacune en carré de 25 cm de côté.

2. Couvrez une plaque de papier sulfurisé et posez un carré de pâte dessus. Piquez avec une fourchette et faites cuire à blanc 15 min au four à 220 °C. Retournez le carré et poursuivez la cuisson 10 à 15 min, jusqu'à ce qu'il soit doré. Laissez refroidir. Procédez de même pour les autres carrés de pâte. Lorsqu'ils sont froids, égalisez les bords et coupez-les en deux pour obtenir 6 rectangles de pâte.

3. Versez la crème dans un saladier et fouettez-la, jusqu'à ce qu'elle soit bien ferme. Sur un plat, déposez un rectangle de pâte, nappez-le de crème fouettée et disposez délicatement dessus des fraises et éventuellement des myrtilles, en les enfonçant un peu dans la crème. Recouvrez d'un autre rectangle de pâte, puis d'une nouvelle couche de crème fouettée et de fruits. Terminez en déposant un dernier rectangle de pâte dessus. Montez un second mille-feuille de la même manière. Saupoudrez-les de sucre glace.

DOUCEURS FRUITÉES

TRUFFES
FRUITÉES

POUR 25 TRUFFES

Préparation : 25 min
Cuisson : 5 min

250 g de cake au citron
et aux amandes
100 g de chocolat blanc fondu
2 c. à soupe de zeste d'orange
confit haché
1 c. à soupe de confiture d'abricot
2 c. à soupe de crème liquide
un peu de feuille d'or (facultatif)

POUR LE NAPPAGE

150 g de chocolat blanc haché
1 c. à soupe d'huile végétale

1. Tapissez un plateau d'une feuille d'aluminium.

2. Émiettez le cake. Dans un saladier, mélangez-le avec le zeste d'orange confit, la confiture d'abricot, la crème et le chocolat fondu. Remuez jusqu'à obtenir un mélange lisse, puis façonnez des boulettes en en prélevant chaque fois 2 c. à café.

3. Préparez le nappage. Réunissez le chocolat et l'huile dans un bol résistant à la chaleur, puis placez le bol au-dessus d'une casserole emplie d'eau bouillante. Laissez fondre le chocolat, en remuant de temps en temps, puis trempez-y les boulettes. Éliminez l'excédent et déposez les truffes sur le plateau pour qu'elles durcissent. Ornez éventuellement les truffes de feuille d'or.

DOUCEURS FRUITÉES

FONDUE AU CHOCOLAT
BLANC ET FRUITS

POUR 6 À 8 PERSONNES

Préparation : 15 min
Cuisson : 10 min

250 g de chocolat blanc haché
quelques fruits frais de saison
(pêches coupées en tranches,
fraises, cerises…)
quelques guimauves
15 cl de miel d'acacia
20 cl de crème fraîche
3 c. à soupe de Cointreau®

1. Mélangez le miel et la crème dans une petite cocotte à fondue ou dans une petite casserole, portez à ébullition, puis retirez du feu.

2. Ajoutez la liqueur et le chocolat blanc, puis remuez jusqu'à ce que le mélange soit lisse.

3. Servez la fondue avec les fruits et les guimauves.

DOUCEURS FRUITÉES

BONBONS
À LA CONFITURE

POUR 32 BONBONS

Préparation : 20 min
Cuisson : 15 min

100 g de confiture de framboise
80 g de beurre ramolli
80 g de sucre
2 c. à soupe de lait
1/2 c. à café d'extrait naturel de vanille
125 g de farine avec levure incorporée
40 g de crème pâtissière en poudre

1 Dans un saladier, fouettez le beurre et le sucre au batteur, jusqu'à obtenir un mélange pâle et mousseux, puis ajoutez le lait et la vanille, en continuant de battre. Tamisez la farine et la crème pâtissière en poudre au-dessus du saladier, puis malaxez le tout, de manière à obtenir une pâte souple.

2 Prélevez des cuillerées à café de la préparation pour façonner des boulettes, puis déposez-les sur 2 plaques recouvertes de papier sulfurisé.

3 Avec une cuillère, formez un trou sur le dessus de chaque bonbon et garnissez-les de confiture. Enfournez pour 15 min à 180 °C, puis laissez refroidir sur une grille. Servez en piquant dedans des fourchettes en bois.

DOUCEURS FRUITÉES

SALADE DE FRUITS
ROUGES

POUR 4 PERSONNES

Préparation : 10 min
Macération : 20 min
Cuisson : 5 min

250 g de fraises
250 g de cerises
125 g de framboises
1 c. à soupe de Cointreau®
1 c. à soupe de cassonade

1 Coupez les fraises en deux. Dénoyautez les cerises. Réunissez les fruits dans un saladier et arrosez-les avec la liqueur. Couvrez, puis laissez macérer 20 min au frais.

2 Mettez la cassonade dans une petite casserole avec 2 c. à soupe d'eau et remuez 3 min à feu doux pour la dissoudre. Laissez refroidir le sirop, puis versez-le sur les fruits avant de servir.

DOUCEURS FRUITÉES

FEUILLETÉS AUX FRUITS ROUGES

POUR 15 FEUILLETÉS

Préparation : 25 min
Cuisson : 1 h 15

1 pâte feuilletée
150 g de framboises
150 g de mûres
150 g de beurre
170 g de sucre
3 œufs battus
2 c. à soupe de zeste de citron
125 g d'amandes en poudre
2 c. à soupe de farine
sucre glace

1. Graissez un moule carré de 23 cm de côté et tapissez-le de papier sulfurisé en le laissant dépasser.

2. Déroulez la pâte sur une plaque recouverte de papier sulfurisé et piquez-la avec une fourchette. Faites-la cuire à blanc 15 min au four à 200 °C, jusqu'à ce qu'elle soit dorée. Baissez la température du four à 180 °C. Coupez la pâte aux dimensions du moule et garnissez-en le moule.

3. Dans un petit saladier, fouettez le beurre et le sucre au batteur, jusqu'à obtenir un mélange léger et aéré. Ajoutez les œufs un par un, en battant, puis le zeste de citron. Incorporez les amandes en poudre et la farine. Aplatissez légèrement le fond de tarte si nécessaire et versez la préparation dessus.

4. Répartissez les fruits, puis enfournez la tarte pour 1 h, jusqu'à ce qu'elle soit légèrement dorée. Laissez-la refroidir pour la démouler plus facilement. Découpez la tarte en rectangles et saupoudrez de sucre glace avant de servir les feuilletés.

DOUCEURS FRUITÉES

RIZ COCO
À LA MANGUE

POUR 4 PERSONNES

Préparation : 10 min
Trempage : 12 h
Cuisson : 1 h 05
Repos : 20 min

~~~

400 g de riz
25 cl de lait de coco
2 ou 3 mangues
1 c. à soupe de graines de sésame
70 g de cassonade
1 pincée de sel
4 c. à soupe de crème de coco
quelques feuilles de menthe

1 La veille, rincez le riz dans une passoire à l'eau froide. Transvasez-le dans un saladier, couvrez-le d'eau et mettez-le à tremper.

2 Le jour même, garnissez le fond d'un panier-vapeur en bambou de mousseline et déposez le riz égoutté dedans. Couvrez, puis installez le panier-vapeur au-dessus d'un wok empli d'eau bouillante et faites cuire le riz 50 min à feu doux. Transvasez-le dans un saladier, puis égrainez-le à la fourchette.

3 Faites griller à sec les graines de sésame 3 ou 4 min à feu moyen dans une poêle.

4 Versez le lait de coco dans une petite casserole, ajoutez la cassonade et le sel, puis portez à ébullition en remuant, jusqu'à ce que le sucre soit dissous. Réduisez le feu et laissez mijoter 5 min, jusqu'à ce que la préparation commence à épaissir, en remuant régulièrement pour éviter que le lait n'accroche. Versez le lait de coco sucré sur le riz, puis aérez avec une fourchette. Laissez reposer 20 min.

5 Répartissez le riz dans des bols. Garnissez avec les mangues coupées en fines tranches, nappez de crème de coco, saupoudrez de graines de sésame grillées et décorez de menthe.

DOUCEURS FRUITÉES

CHARLOTTE
MALAKOFF

POUR 8 À 12 PERSONNES

Préparation : 1 h
Réfrigération : 8 à 12 h

250 g de biscuits à la cuillère
12 cl de Grand Marnier®
500 g de fraises coupées
en deux + quelques fraises
coupées en quatre
un peu de chantilly

POUR LA CRÈME AUX AMANDES

140 g d'amandes en poudre
125 g de beurre
80 g de sucre extrafin
4 c. à soupe de Grand Marnier®
1 goutte d'essence d'amande
18 cl de crème fraîche fouettée

1. Graissez un moule à charlotte de 1,5 l, tapissez-en le fond de papier sulfurisé, puis badigeonnez le papier d'huile ou de beurre fondu. Coupez les biscuits pour ajuster leur taille à la hauteur du moule.

2. Dans un bol, diluez l'alcool dans 12 cl d'eau, puis plongez-y rapidement les biscuits et disposez-les autour du moule, côté bombé contre la paroi.

3. Préparez la crème aux amandes. Dans un saladier, fouettez le beurre et le sucre au batteur, jusqu'à obtenir un mélange léger et crémeux. Versez l'alcool et l'essence d'amande, puis continuez de battre, jusqu'à ce que la préparation soit homogène. Incorporez la crème fouettée et les amandes en poudre.

4. Sur le fond du moule, disposez des fraises, versez de la crème aux amandes et couvrez de biscuits. Renouvelez l'opération à 2 reprises en terminant par une couche de biscuits.

5. Couvrez de film alimentaire, placez une assiette sur le moule et laissez prendre au frais de 8 à 12 h.

6. Retirez l'assiette et le film, puis démoulez la charlotte sur un plat froid et retirez le papier. Garnissez de chantilly et de morceaux de fraise.

DOUCEURS FRUITÉES

ASSIETTE DE FRUITS
EXOTIQUES

POUR 4 À 6 PERSONNES

Préparation : 15 min
Cuisson : 5 min

2 mangues
1 nashi coupé en quatre
6 litchis ou ramboutans coupés
en deux et dénoyautés
1/2 papaye jaune épépinée
et coupée en quatre
1/2 papaye rouge épépinée
et coupée en quatre
2 caramboles finement émincées
quartiers de citrons verts
pour servir

POUR LA SAUCE

12,5 cl de lait de coco
1 blanc de citronnelle émincé
2 cm de gingembre
grossièrement émincé
1 c. à café de cassonade

1. Préparez la sauce. Dans une petite casserole, faites mijoter tous les ingrédients à feu doux 5 min. Passez au chinois.

2. Coupez les mangues en deux de chaque côté du noyau. Incisez chaque moitié en croisillon, sans percer la peau. Repliez les bords vers le bas en soulevant le centre. Posez les mangues sur le plat parmi les autres fruits. Ajoutez les quartiers de citron vert à presser sur les fruits.

3. Servez la sauce à part ou versez-la en filet sur les fruits avant de servir.

DOUCEURS FRUITÉES

CHEESECAKE
AUX MYRTILLES

POUR 8 À 10 PERSONNES

Préparation : 40 min
Cuisson : 50 min
Réfrigération : 5 ou 12 h

250 g de myrtilles
240 g de confiture de cassis
4 c. à soupe de cherry

POUR LA PÂTE

125 g de beurre
100 g de flocons d'avoine
100 g de biscuits secs finement broyés
2 c. à soupe de cassonade

POUR LA GARNITURE

375 g de fromage frais
100 g de ricotta
80 g de sucre
12,5 cl de crème fraîche
2 œufs
1 c. à soupe de zeste d'orange finement râpé
1 c. à soupe de farine

1. Graissez un moule à charnière de 20 cm de diamètre et tapissez le fond de papier sulfurisé.

2. Préparez la pâte. Faites fondre le beurre dans une casserole, incorporez les flocons d'avoine et les biscuits, puis la cassonade. Tassez la moitié de la pâte dans le fond du moule et plaquez le reste le long de la paroi, sans aller jusqu'en haut (utilisez un verre pour tasser la pâte). Laissez refroidir 10 à 15 min au frais.

3. Préparez la garniture. Fouettez le fromage frais, la ricotta, le sucre et la crème dans un saladier au batteur, jusqu'à obtenir une crème lisse. Incorporez les œufs, le zeste d'orange et la farine en continuant de battre, jusqu'à ce que la préparation soit lisse. Versez la garniture dans le fond de gâteau et enfournez pour 40 à 45 min à 180 °C, jusqu'à ce qu'elle commence à prendre. Laissez refroidir le gâteau dans le moule.

4. Répartissez les myrtilles sur le gâteau. Passez la confiture au chinois au-dessus d'une petite casserole avec le cherry. Remuez à feu doux, jusqu'à ce que le mélange soit lisse et homogène, et laissez mijoter 2 ou 3 min. Badigeonnez-en les myrtilles. Laissez reposer le cheesecake 5 ou 12 h au frais.

DOUCEURS FRUITÉES

CRUMBLE
À LA RHUBARBE

POUR 4 À 6 PERSONNES

Préparation : 15 min
Cuisson : 25 min

1 kg de rhubarbe
140 g de sucre
100 g de beurre
90 g de farine
75 g de cassonade
10 biscuits amaretti écrasés

POUR LA CRÈME CROQUANTE

20 cl de crème fraîche
2 c. à soupe de sirop d'érable
3 biscuits amaretti écrasés

1. Coupez la rhubarbe en petits tronçons et mettez-les dans une casserole avec le sucre. Faites cuire à feu doux en remuant, jusqu'à ce que le sucre soit dissous, puis baissez le feu et laissez mijoter 8 à 10 min, jusqu'à ce que la rhubarbe soit tendre sans être molle. Transvasez dans un grand plat creux allant au four.

2. Travaillez le beurre avec la farine du bout des doigts, jusqu'à obtenir une consistance sableuse, puis incorporez la cassonade et les biscuits écrasés.

3. Parsemez la rhubarbe de ce mélange et enfournez pour 15 min à 180 °C, jusqu'à ce que le crumble soit brun doré.

4. Préparez la crème croquante. Mettez la crème dans un saladier, ajoutez le sirop d'érable, puis les biscuits écrasés. Mélangez mais pas trop, car le sirop d'érable doit veiner la crème. Servez avec le crumble à la rhubarbe.

DOUCEURS FRUITÉES

GÂTEAU AUX POMMES
ÉPICÉ

POUR 8 PERSONNES

Préparation : 30 min
Cuisson : 1 h

400 g de pommes pelées
et coupées en quartiers
180 g de beurre ramolli
110 g de sucre de canne
2 c. à café de zeste de citron
finement râpé
3 œufs légèrement battus
125 g de farine avec levure
incorporée
75 g de farine complète
1/2 c. à café de cannelle
12 cl de lait
1 pincée de quatre-épices
25 g d'amandes effilées

1. Graissez un moule de 20 cm de diamètre à fond amovible, puis tapissez-le de papier sulfurisé.

2. Dans un petit bol, fouettez le beurre et 90 g de sucre au batteur, jusqu'à obtenir un mélange léger et mousseux. Incorporez le zeste de citron et ajoutez les œufs un par un, en battant vigoureusement. Transvasez le tout dans un grand saladier.

3. Dans un bol, réunissez les farines tamisées et la cannelle, puis incorporez-les à la cuillère dans le mélange précédent, en alternant avec le lait. Mélangez jusqu'à obtenir une pâte homogène et lisse.

4. Versez la moitié de la pâte dans le moule à l'aide d'une cuillère, couvrez-la des trois quarts des pommes, puis garnissez du reste de la pâte. Répartissez les pommes restantes sur le pourtour du moule, en les pressant bien. Dans un bol, mélangez le quatre-épices, le reste de sucre et les amandes, puis parsemez-en le gâteau.

5. Enfournez pour 1 h à 180 °C. Le gâteau est cuit lorsque la lame d'un couteau plantée au centre ressort propre. Sortez-le du four et laissez-le tiédir avant de le démouler sur une grille.

DOUCEURS FRUITÉES

SABAYON
AUX FRUITS

POUR 8 À 10 PERSONNES

Préparation : 40 min
Réfrigération : 1 h

500 g de myrtilles
500 g de framboises
500 g de fraises coupées
en deux
2 c. à soupe de sucre glace
+ pour saupoudrer

POUR LE SABAYON
8 fruits de la Passion
5 ou 6 c. à soupe de jus de citron
2 c. à soupe de zeste de citron
115 g de sucre
12,5 cl de vin blanc sec
50 cl de crème fraîche

1 Préparez le sabayon. Dans un saladier, mélangez le jus et le zeste de citron, le sucre, le vin et laissez reposer 10 min. Coupez les fruits de la Passion en deux et passez la pulpe au chinois pour éliminer les pépins. Ajoutez la moitié de la pulpe au mélange.

2 Fouettez la crème au batteur, jusqu'à ce qu'elle s'accroche au fouet. Incorporez progressivement le mélange précédent. Incorporez le reste de la pulpe de fruits de la Passion, couvrez et laissez reposer 1 h au frais.

3 Mélangez les fruits (réservez quelques fraises pour décorer) avec le sucre glace. Versez dans un grand saladier, puis ajoutez le sabayon. Décorez avec les fraises réservées, saupoudrez de sucre glace et servez immédiatement.

DOUCEURS FRUITÉES

FRAISES
ROMANOV

POUR 4 PERSONNES

Préparation : 20 min
Réfrigération : 1 h

750 g de fraises coupées en quatre
2 c. à soupe de Cointreau®
1 pincée de zeste d'orange râpé
1 c. à soupe de sucre extrafin
12 cl de crème liquide
2 c. à soupe de sucre glace

1. Mélangez les fraises, l'alcool, le zeste d'orange et le sucre dans un grand saladier. Couvrez et laissez reposer 1 h au frais.

2. Mixez le quart des fraises dans un robot. Répartissez le reste des fraises dans des coupes à dessert.

3. Dans un bol, fouettez la crème et le sucre glace en une chantilly légère, puis incorporez la purée de fraise. Versez la crème obtenue sur les fruits et laissez reposer au réfrigérateur jusqu'au moment de servir.

DOUCEURS FRUITÉES

GLACE
À LA LAVANDE

POUR 6 À 8 PERSONNES

Préparation : 15 min
Cuisson : 15 min
Congélation : 5 à 12 h

12 à 16 brins de lavande
60 cl de crème fraîche
1 petit zeste de citron
160 g de sucre
4 jaunes d'œufs légèrement battus

1 Lavez et essuyez les brins de lavande, puis mettez-en la moitié dans une casserole avec la crème et le zeste de citron. Faites chauffer le tout presque jusqu'à ébullition, puis ajoutez le sucre et mélangez jusqu'à ce qu'il soit dissous.

2 Filtrez la préparation dans un bol à travers un tamis fin, puis incorporez-y progressivement les jaunes d'œufs. Remettez la crème à la lavande dans la casserole et faites-la chauffer à feu doux, sans porter à ébullition, jusqu'à ce qu'elle épaississe et nappe le dos d'une cuillère en bois. Versez la crème dans un récipient glacé, laissez-la un peu reposer, puis couvrez et laissez complètement refroidir.

3 Transvasez la crème à la lavande dans une sorbetière et faites-la prendre au congélateur en suivant les instructions du fabricant. Si vous ne possédez pas de sorbetière, versez-la dans un bac en métal peu profond et réservez-la 5 à 12 h au congélateur, en la fouettant toutes les 2 h, de manière à obtenir un mélange glacé et crémeux.

4 Environ 30 min avant de servir, placez la glace au réfrigérateur pour la faire ramollir. Présentez-la dans des coupes décorées d'un brin de lavande.

DOUCEURS FRUITÉES

SORBET
À L'ORANGE

POUR 6 PERSONNES

Préparation : 20 min
Congélation : 12 h

10 à 12 oranges
90 g de sucre glace
2 c. à café de jus de citron

1. La veille, coupez les oranges en deux et pressez-les avec précaution pour en extraire tout le jus sans abîmer la peau. Faites fondre le sucre glace dans le jus d'orange et le jus de citron, puis versez le sirop dans un bac en métal. Couvrez d'une feuille de papier sulfurisé et laissez prendre 1 h au congélateur.

2. Grattez le reste de pulpe et la membrane blanche des oranges, enveloppez-les dans du film alimentaire et placez-les au frais.

3. Au bout de 1 h, remuez le sirop qui a commencé à geler sur les bords du bac et ramenez-le vers le centre. Remettez le bac dans le congélateur. Répétez l'opération toutes les heures, jusqu'à ce que le sorbet soit quasiment gelé. Replacez au congélateur.

4. Le jour même, répartissez le sorbet dans les moitiés d'orange et placez au congélateur. Sortez-le juste avant de servir, car le sorbet fond rapidement.

DOUCEURS FRUITÉES

JUS DE PASTÈQUE
AU GINGEMBRE

POUR 60 CL

Préparation : 5 min

500 g de pastèque + morceaux pour décorer
8 cm de gingembre râpé
6 glaçons

1. Retirez l'écorce et les pépins de la pastèque, puis détaillez grossièrement la chair.

2. Mixez la pastèque 2 min avec le gingembre dans un blender ou un robot. Ajoutez les glaçons et continuez de mixer 1 min pour les piler.

3. Versez le jus dans des verres et décorez avec les morceaux de pastèque.

INDEX DES RECETTES PAR ORDRE ALPHABÉTIQUE

Antipasto de légumes	66
Assiette de fruits exotiques	196
Aumônières de légumes	50
Bonbons à la confiture	186
Boulettes de risotto	124
Boulettes de yaourt aux herbes	54
Brocoli chinois au tamarin	144
Caviar d'aubergine	8
Charlotte Malakoff	194
Cheesecake aux myrtilles	198
Courge au pesto de noisettes	32
Croquettes aux fines herbes	42
Croquettes de courgette	46
Crumble à la rhubarbe	200
Crumble de légumes d'hiver	152
Curry de légumes au piment	136
Curry de patate douce et d'aubergine	140
Curry de petits pois aux œufs	132
Curry de pois chiches	134
Curry de pommes de terre	130
Curry jaune de légumes	138
Dhal de lentilles corail	126
Dolmas	36
Épinards sautés à la thaïe	166
Fettuccine aux courgettes	100
Feuilletés aux fruits rouges	190
Ficelles feuilletées aux olives	16
Fondue au chocolat blanc et fruits	184
Fraises Romanov	206
Fromage à tartiner aux olives	6
Galette de pommes de terre	162
Gâteau aux pommes épicé	202
Glace à la lavande	208
Gnocchis d'épinards à la ricotta	110
Gnocchis de potiron à la sauge	112
Gratin de poireaux	156
Houmous à la betterave	10
Jus de pastèque au gingembre	212
Légumes en cocotte	172
Légumes grillés et aïoli	14
Mille-feuilles aux fraises	180
Mini-palmiers au sésame	38
Mini-pizzas aux pommes de terre	52
Mini-quiches poivron et maïs	40
Nouilles à la sauce aux haricots	108
Nouilles chinoises aux champignons	102
Nouilles soba en salade	70
Oignons aigres-doux	148
Palmiers aux olives et aux amandes	30
Pancakes au beurre d'avocat	28

Penne à la roquette	104	Salade de légumes grillés	92
Phad thaï	128	Salade de lentilles aux poivrons	80
Pilaf de riz sauvage aux champignons	122	Salade de lentilles et de riz	72
Pilaf petits pois et oignons	118	Salade de pois chiches aux olives	78
Pilaf vert aux noix de cajou	114	Salade de potiron et d'avocat	84
Pommes de terre sautées	150	Salade de pousses germées	90
Quiche à l'artichaut et aux asperges	56	Salade d'olives, noix et grenade	76
Ragoût de haricots de Lima	158	Samoussas de pommes de terre	44
Ragoût de légumes	168	Sauté de brocoli aux amandes	170
Raviolis aux fines herbes	106	Sorbet à l'orange	210
Riz aux haricots jamaïcain	116	Taboulé	86
Riz coco à la mangue	192	Tarte au citron	178
Riz indonésien à la noix de coco	120	Tartelettes au confit d'oignons	34
Rösti de patates douces	154	Tartelettes au potiron	26
Rôti de champignons et de noix	164	Tartelettes chèvre et pommes	48
Sabayon aux fruits	204	Tartinade de feta à la menthe	12
Salade complète aux épinards	88	Tian de légumes	146
Salade d'avocat et de haricots	64	Toasts au parmesan et au pesto	22
Salade de carottes tunisienne	74	Toasts aux épinards et au fromage	24
Salade de concombre et de feta	68	Tofu aigre-doux	160
Salade de cresson	62	Tofu aux haricots noirs	174
Salade de farfalle aux épinards	94	Torsades au parmesan	20
Salade de fruits rouges	188	Tortellini à l'aubergine	98
Salade de haricots aux croûtons	82	Tresses à la tomate séchée	18
Salade de légumes aux épices	60	Truffes fruitées	182

TABLE DES ÉQUIVALENCES FRANCE-CANADA

Poids	55 g	100 g	150 g	200 g	250 g	300 g	500 g	750 g	1 kg
	2 onces	3 onces	5 onces	7 onces	9 onces	10 onces	17 onces	26 onces	35 onces

Ces équivalences permettent de calculer le poids à quelques grammes près (en réalité, 1 once = 28 g).

Capacités	25 cl	50 cl	75 cl	1 l
	1 tasse	2 tasses	3 tasses	4 tasses

Pour faciliter la mesure des capacités, une tasse équivaut ici à 25 cl (en réalité, 1 tasse = 8 onces = 23 cl).

Édition originale

Ces recettes ont été publiées pour la première fois par Murdoch Books.
Textes et photographies : © Murdoch Books

Édition française

Direction de la publication : Isabelle Jeuge-Maynart et Ghislaine Stora
Direction éditoriale : Émilie Franc
Coordination éditoriale : Ewa Lochet
Informatique éditoriale : Philippe Cazabet
Mise en page : Nord Compo
Couverture : Florine Crépin
Fabrication : Émilie Latour

® Larousse 2019
ISBN : 978-2-03-596962-0
Toute reproduction ou représentation intégrale ou partielle, par quelque procédé que ce soit, du texte et/ou de la nomenclature contenus dans le présent ouvrage, et qui sont la propriété de l'Éditeur, est strictement interdite.
Les Éditions Larousse utilisent des papiers composés de fibres naturelles, renouvelables, recyclables et fabriquées à partir de bois issus de forêts qui adoptent un système d'aménagement durable. En outre, les Éditions Larousse attendent de leurs fournisseurs de papier qu'ils s'inscrivent dans une démarche de certification environnementale reconnue.

Imprimé en Roumanie par G Canale et C SA
Dépôt légal : août 2019
323051/01 - 11040163 - juin 2019

PAPIER À BASE DE FIBRES CERTIFIÉES

LAROUSSE s'engage pour l'environnement en réduisant l'empreinte carbone de ses livres. Celle de cet exemplaire est de :
900 g éq. CO$_2$
Rendez-vous sur
www.larousse-durable.fr